ツチノコ撮影日誌

ツチノコ撮影日誌

令和の「幻のヘンビ」伝説

ドキュメンタリー映画監督 今井友樹 著
ライター 山村基毅 編集・構成

はる書房

ツチノコが気になる

前作の『鳥の道を越えて』の取材も大詰め。
あるお宅でインタビュー、その休憩中にツチノコが話題になった。
ツチノコが騒動になったのは、石垣を崩して田んぼの圃場整備をしたときで、
棲家を奪われてツチノコが外に出てきたんやないかな
いる・いないではなく、ツチノコがいた前提で、
いなくなった原因を語っていたことに興味が沸いた。
うーん どういうこと？
あっ 白茶屋のつちのこ焼きだ。
たべたべ。
それまでツチノコに抱いていたような、怪しいイメージとは違う。

ツチノコの映画を作るきっかけ

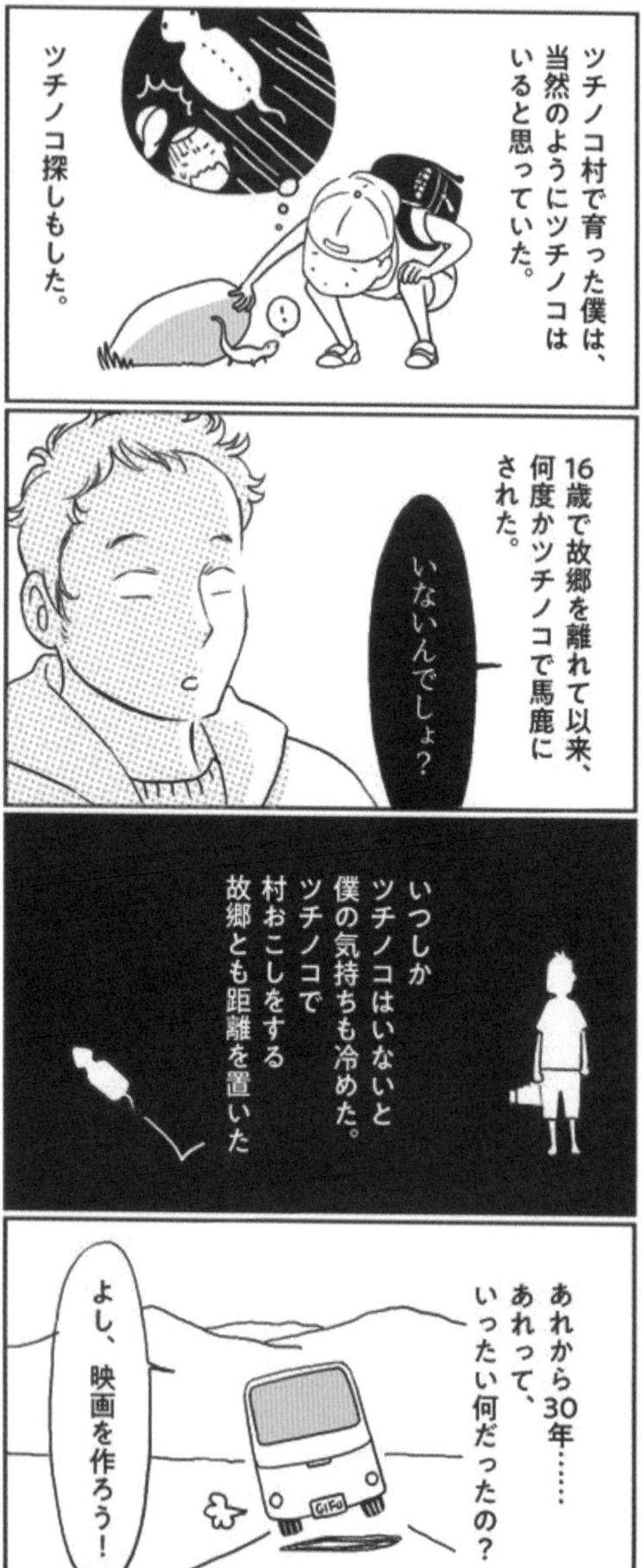
ツチノコ村で育った僕は、
当然のようにツチノコは
いると思っていた。
ツチノコ探しもした。
16歳で故郷を離れて以来、
何度かツチノコで馬鹿に
された。
いないんでしょ？
いつしか
ツチノコはいないと
僕の気持ちも冷めた。
ツチノコで
村おこしをする
故郷とも距離を置いた
あれから30年……
あれって、
いったい何だったの？
GIFU
よし、映画を作ろう！

第１回捜索イベント

1989年5月
つちのこの里
つちのこの里
記念すべき第1回目の
ツチノコ捜索イベントに
僕は参加した。
父親に作ってもらった
ツチノコ捕獲用具
（白木のさすまた）を、
周りの人たちがほめるので
恥ずかしかった。
捜索イベントでは、
大人たちがわれ先にと
ツチノコを探す
必死の姿にたじろいだ。
30年後、
そんな大人たちと
映画の撮影で再会する
ことになろうとは。
ツチノコの話になると、
彼らの目は今も輝く。

ツチノコ撮影日誌　令和の「幻のヘンビ」伝説　――　目次

記憶を旅する／聞き手＝山村基毅

4コマ漫画

ふるさと小景——僕のツチノコ物語——

4コマ漫画／原作＝今井友樹
作画＝岩井友子

序章

ツチノコって何モノ

故郷に眠る記憶、教えてください!!

東白川村の皆様へ

謹啓　東白川村五加《ごか》柏本《かしもと》出身の今井友樹と申します。拙作『鳥の道を越えて』では、ひとかたならぬご支援を賜り、厚くお礼申し上げます。

さて、この度、次回作の記録映画制作にあたり、皆様に情報提供のお願いがございます。

東白川村にゆかりのある「ツチノコ」の記録映画を制作したく、事前取材を重ねております。ツチノコの目撃情報は、今では耳にすることが少なくなった不思議な体験話でありますが、消えてなくなってしまう前に、民俗学的な視点で真摯《しんし》に耳を傾けていく必要があると考えております。

皆様ご自身であるいは周りの方で、ツチノコを見た、または見た人を知っている方がおられましたら情報提供をお願い申し上げます。

またツチノコに限らず、キツネにだまされた話、あるいはこういう妖怪《ようかい》がいたという話、山で遭遇した不思議な体験話などなど、何かございましたらご一報頂けましたら幸いです。

詳しくは裏面をご覧ください。

今後いっそうのご指導ご鞭撻《べんたつ》のほどよろしくお願い申し上げます。

敬具

裏面には連絡先の住所、携帯電話番号、メールアドレスが記され、下部にはメールや手紙に関して、時間はかかるかもしれないが《必ずお礼のお返事をさせて頂》く旨《むね》、また電話の場合にもすぐに出られないかもしれないが《必ず折り返させて頂》く旨が記されている。

今井友樹、そう、私がこの文書を新聞の折り込みチラシとして、東白川村一帯に配布したのは、２０１６年（平成28年）８月のことだった。

インターネットを利用した情報収集が当たり前となったご時世に、前時代的な新聞の折り込みチラシを使ったのは、この地域の情報提供者の年齢や職業などを考えてのことである。私の故郷、岐阜県加茂郡《かもぐん》東白川村は、県の東寄りに位置し、総面積87平方キロメートル、人口2092人（2023年〈令和5〉4月）の農村地帯である。この地も多くの農村地帯と同様に65歳以上が住民の半数を占め、人口ピラミッドは逆三角形を描いている。いわゆる限界集落のひとつといえた。スマートフォンやインターネットなどを利用して情報を集めようとしても回答は期待できないと判断したのだ。

ただ、この過疎地《かそち》、限界集落の典型ともいえる東白川村が他の土地と異なるのは、まさに「ツチノコ」の存在である。あのツチノコである。バチヘビとも呼ばれ、胴体《どうたい》が太く、そこに頭と尻尾のついた生き物、漫画やテレビのバラエティ番組などで頻繁《ひんぱん》に取り上げられる、あのツチノコである。いや、存在というのは正しくないな。いまだかつて、その存在が立証されたことはないのだから。正確にはこういうべきだろう。東白川村では「ツチノコ」の目撃談が圧倒的に多いのだ、と。

村には「つちのこ館」もあり「つちのこ公園」もあり「つちのこ神社」も建てられている。毎年5月にはツチノコ捜索《そうさく》イベントが開催され、最も多いときには村外から4000人の参加者が集ったほどである。人口2000人の村に4000人もの人たちが訪れると、それは圧巻であり、圧倒され、見ごたえがある。そのとき、一方で村側は困惑してしまった。対応するのに手に余ってしまった。そこで翌年からは人数制限を施すことになったほどである。

ブームを越えた広まり

そのようなツチノコの村。それが私の故郷、東白川村である。

私が村外の人たちにツチノコや「捜索イベント」について話すと、多くの人は冷たく笑ってみせる。「それは楽しそうね」と適当な相槌《あいづち》を返す。冷たい笑いがどのよう思いからなのかは、私自身がよく知っている。

大半の人にとって、だから私にとって、ツチノコも河童《かっぱ》もUFOも、さらには口裂け女もトイレの花子さんもすべて一括《ひとくく》りなのである。架空《かくう》の生き物、想像上の現象、面白おかしい都市伝説、人々の口の端《は》にのぼってはすぐにかき消される、噂話《うわさばなし》として消費されるだけの存在。真面目《まじめ》に扱うにはふざけた存在。「それは楽しそうだね」「それは面白そうだね」、私もそう告げてきた。どうぞご勝手に、そういって身を遠ざける。ツチノコからは距離を置いてきたのであった。

しかし、ツチノコ捜索イベントは1989年（平成元年）以来30年以上にもわたって続けられてきた。これは紛《まぎ》れもない事実である。他の「ツチノコ目撃地域」やそのことによる「村おこし、町おこし地域」（全国各地、至るところにある）には見られないことである。時おりツチノコのブームがあると雨後のタケノコのごとくツチノコイベントが各地で開かれるが、たいていは数年で終了している。「結局、見つからなかったから」という理由が圧倒的だが、それは東白川村とて同じである。今に至るもツチノコは発見されていないのだから。

それなのに、わが東白川村では捜索イベントが継続する。おまけに、コロナ禍《か》以降は明らかに参加者が増加している。

いったいこの現象は何なのだろう。「ツチノコ」という幻《まぼろし》の生き物の魅力なのか。岐阜県東白川村という地域特有のことなのか。あるいは、日本社会の抱える問題が、この一過疎村に表出《ひょうしゅつ》したのだろうか。私には、まったくの謎《なぞ》であった。

誰も、そのことについて語ってはくれない。そのことについて教えてくれない。いや、真面目に取り扱おうとはしない。

よく考えてみると、それは当然だと思える。ツチノコについて真剣に語るなど見識を問われることだと識者は考えているし、マスコミはバラエティの題材としか考えていないし、多くの国民もまた「架空の生き物」だと思っているからブームが去ればきれいさっぱり忘れてしまう。まともに相手をするにはあまりに茫漠《ぼうばく》としていて、時には薄っぺらであり、時にはふざけた対象であり、時にはこけおどしの存在でしかないのである。

ツチノコとは何なのか。ツチノコを梃子《てこ》として行われる村おこし町おこしとは何なのか。

そこでツチノコについて語り、話し、議論する人たちはいったい何を考えているのか。彼ら自身はツチノコについてどう思っているのか。

もちろん、そのことについても話してはくれない。考えようともしてくれない。

ツチノコツチノコツチノコ……村おこし町おこし村おこし町おこし……

それならばツチノコという不可思議な生き物について、ツチノコと東白川村との関係について、さらには東白川村という土地について、私が調べ、考えていかねばならないと感じたのである。

こうして私の「ツチノコ映画（『おらが村のツチノコ騒動記』）」はゆったりとした歩みでスタートした。その歩みが、本当にゆったりとしていたためなのだろう、この後9年にも及ぶとは、そのときには知りえようもなかったが……。

2019年（令和元年）5月3日開催のフェスタ。
過去最高の4000人がツチノコ捜索に集まった。
出発式の後、捜索隊は何班かに分かれて近くの会場で大捜索を行うが、
このあと3年間はコロナのため開催されなかった

つちのこの里 東白川村MAP

ツチノコ目撃現場
至 中津川市加子母
256
白川
至 中津川市付知
道の駅／茶の里会館
東白川小学校
東白川中学校
越原地区
手掛岩山
神土地区
つちのこ館
つちのこ神社
つちのこ公園
捨薙山
寒陽気山
至 白川町黒川

富山県
長野県
石川県
高山市
御嶽山
東白川村
福井県
郡上市
下呂市
美濃加茂市
岐阜市
岐阜県
中津川市
白川町
恵那市
滋賀県
愛知県
三重県

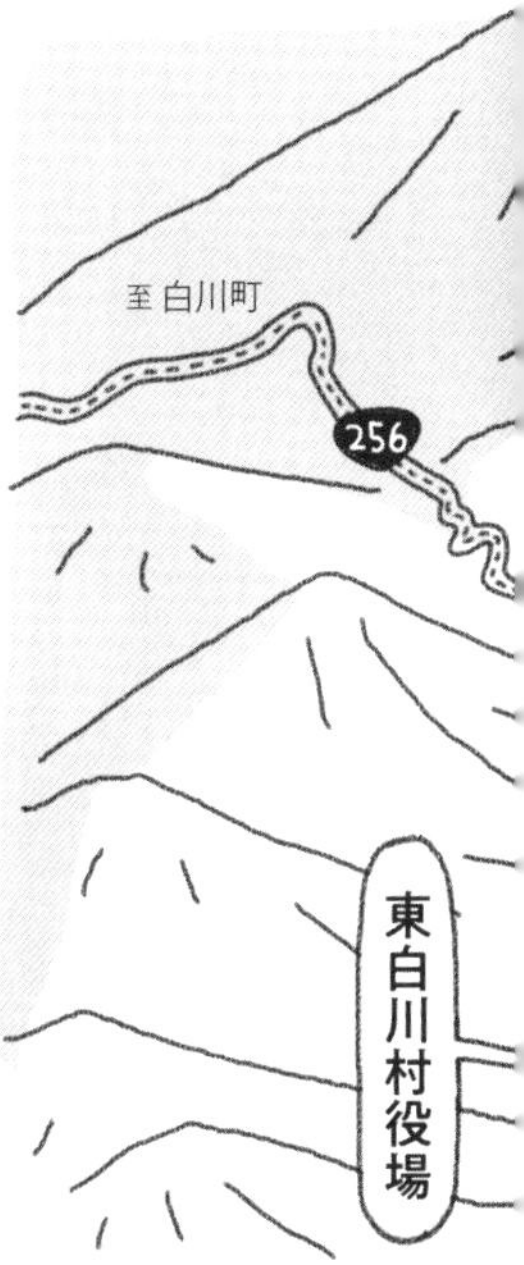
至 白川町
256
東白川村役場

東白川村の総面積は
約「87km^2（8,709ha）」、
千代田区・中央区・港区・
新宿区・文京区・渋谷区を
合わせた大きさに相当する。
ただし、地形のほとんどが
急傾斜地なため
農地はそのわずか3%、
「2.72km^2（272ha）」にすぎない。
また、人口は2024年（令和6）
4月時点で「2,056人（824世帯）」
であり、
第1回槌の子捕獲大作戦が行われた
1989年（平成元年）5月には
「3,531人（912世帯）」であった。

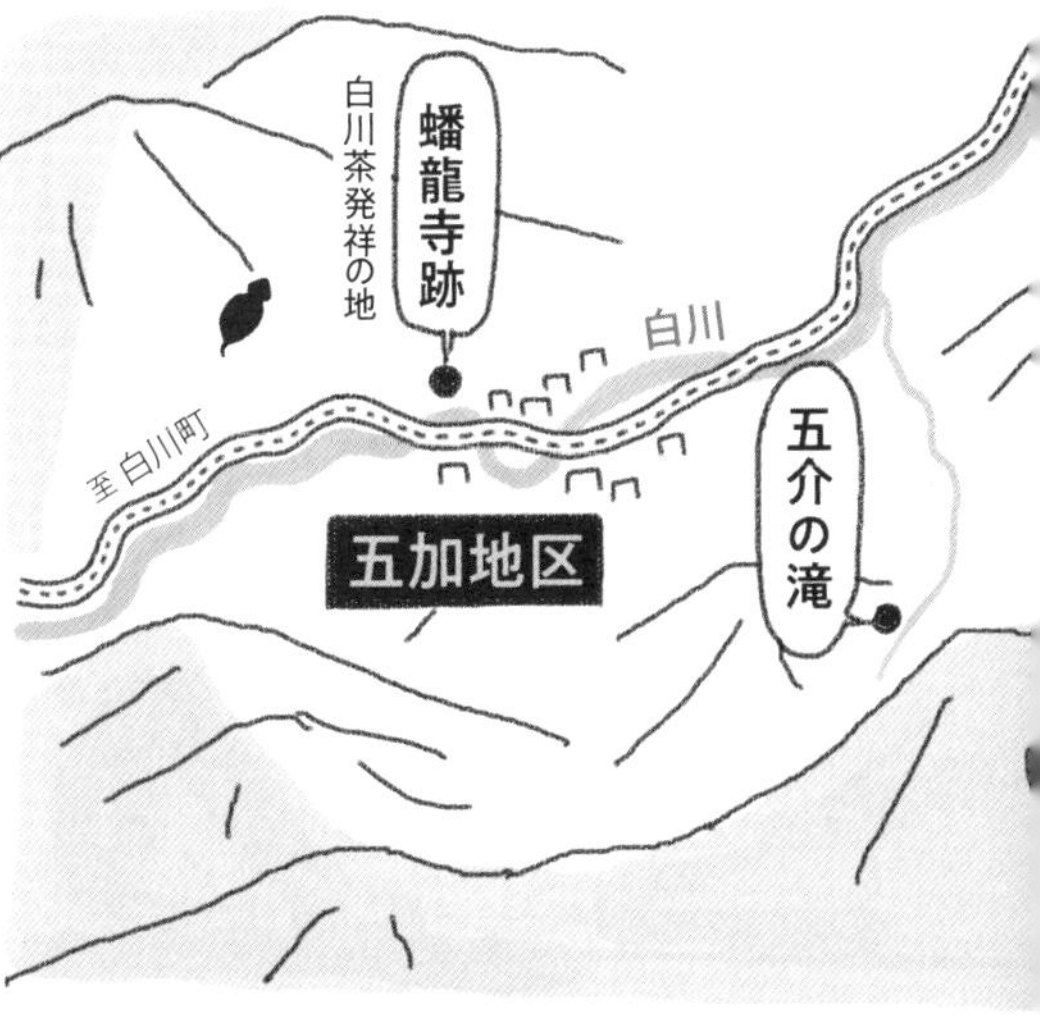
白川茶発祥の地
蟠龍寺跡
白川
至 白川町
五加地区
五介の滝

おらが村のツチノコ騒動記 取材地MAP

群馬県太田市
ジャパン・スネークセンター

ツチノコはいないが国内外約300匹のヘビがいるらしい。

岐阜県東白川村

監督・今井友樹の故郷で、日本有数のツチノコ目撃地帯。地元では「ツチヘンビ」と呼ばれ目撃しても口外してはならないと伝えられてきたが、「ウソつき村」などという世間の声に、「実は私も見た」と村人が次々と口を開くようになったらしい。1989年からツチノコ捜索イベント『つちのこフェスタ』をスタート、近年では5月のGWに開催し、2024年の5月3日に第32回を迎えている。

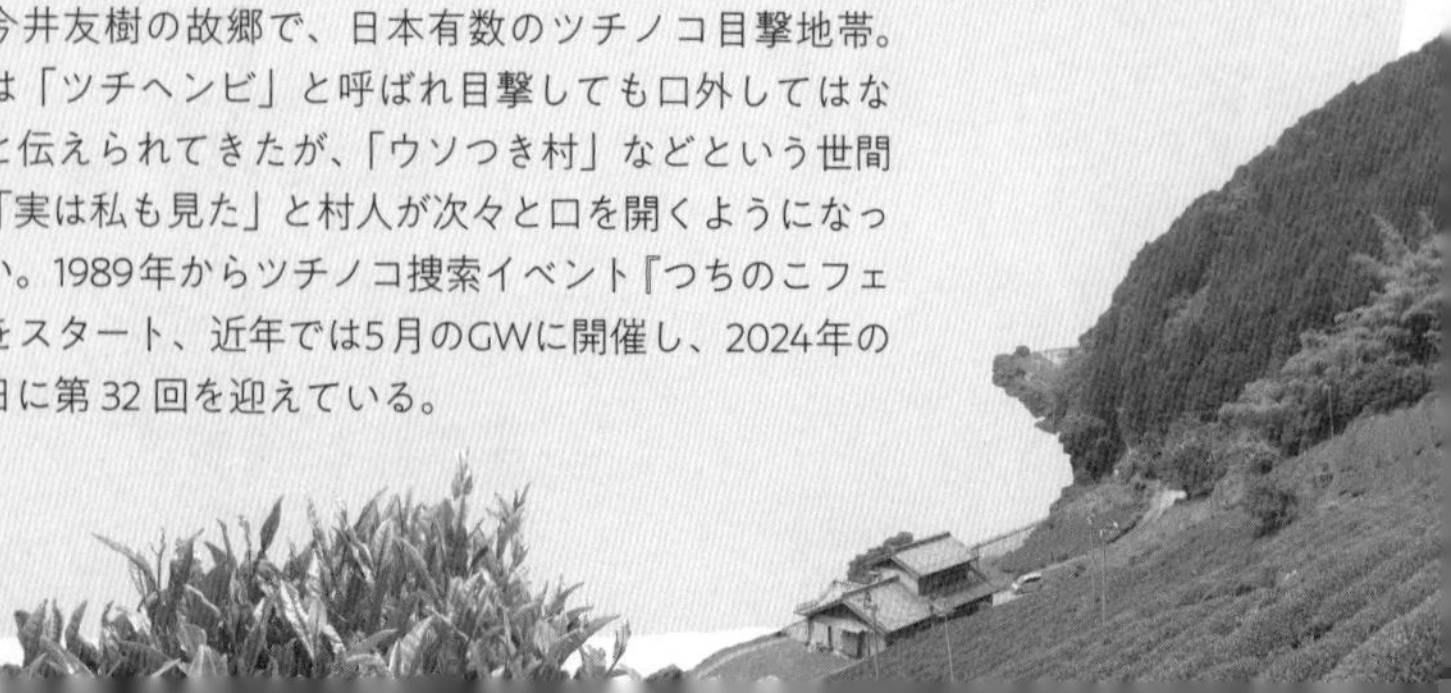

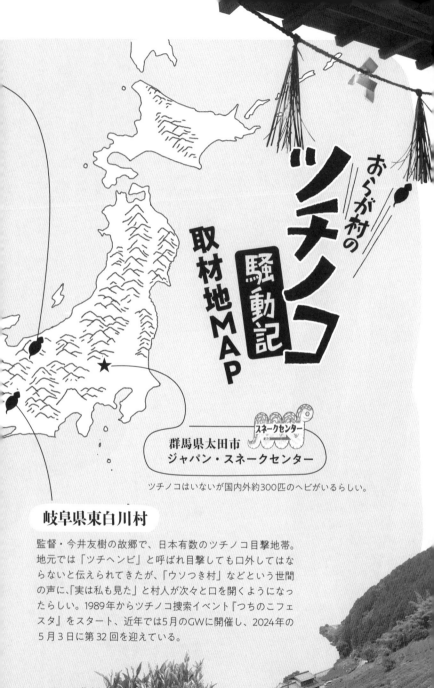

新潟県糸魚川市

2005年に『つちのこ探検隊』を発足、現在も捜索を続けている。隊員の数名は「それらしきものを目撃」しており、それ以外にも毎年1、2人は「山で変なもんを見た」という人も出るので「何かいる」、らしい。

兵庫県美方町（現香美町）

岡山県吉井町（現赤磐市）

2000年にツチノコらしき生物の死骸が見つかった。埋められていたものを掘り起こし、レントゲンを撮ったり、大学に持ち込んだりした、らしい。

兵庫県宍粟市

京都市北区雲ヶ畑 夜泣峠

広島県府中市上下町

東白川村と同時期にツチノコ捜索を行っていた。食糧事務所の所長をしていた人物が目撃したのがきっかけだという。真面目で堅い人物で「ウソをつくような人ではない」。捜索は2年ほどで終わった、らしい。

兵庫県あわじ市 イングランドの丘

ツチノコはいないがツチノコに似たトカゲがいる、らしい。

奈良県下北山村

東白川村より1年早く捜索を始めた村。吉野の山奥にあり、村おこしの一環として始まったという。年配者は「あれは探したらあかん、祟りがある」と心配していた、らしい。

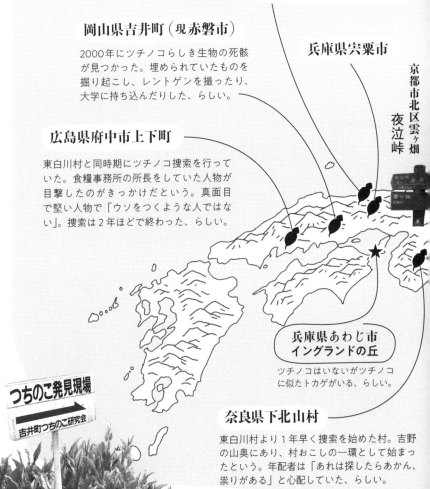

第1章

「おる」との確証？

2016年8月

東白川村、さらには近郊地域に新聞の折り込みチラシとしてツチノコの目撃情報の提供を呼びかける。いったいどれほどの効果があるのかは分からなかったが、とりあえずは手をつけてみる。

ところが、うれしいことに10件ほどの反応があった。多くは手紙であったのは予想した通りである。やはりアナログの呼びかけにしたことが良かったのだろう。

村の戦後史についての関心が半分

2016年8月26日

東白川村元村長・桂川眞郷さんへのインタビュー取材。折り込みチラシを見た桂川さんからは墨でしたためられた手紙をいただいていた。達筆の手紙であったが、私は子ども時代に書道を習っていたので読むこともできたし、筆文字そのものが懐かしくも感じた。桂川さんは、自分にはいくつかの思い出があるので話ができると、かなり詳しく書いてくださっていた。

桂川さんが村長を務めていたのは、1987年（昭和62）から1999年（平成11）までの12年間である。私の幼少時代と重なるのだが、もちろん接触などはないから、彼が第11代目村長であることなども知らなかった。そもそも村で見かけたこともなかった。

手紙には、私の監督作品『鳥の道を越えて』も知っていること、チラシを見て30年前のツチノコ騒動のこと、当時の村おこしのことなどに関する記憶が呼び起こされて懐かしく思うと書かれていた。そして、自分でよければ、いつでも話をするということも。

『鳥の道を越えて』は村でも上映会を開いていて、800人余が見てくれていた。それなら、桂川さんが見てくれていてもおかしくはない。

私は桂川さんに連絡をとって、そのインタビューを映像に収めることにした。これまで何度も仕事を一緒にしてきた伊東尚輝君に声をかけ、カメラマンを務めてもらうことにする。当時、桂川さんは80歳を超えたぐらいの年齢であったが（昭和5年生まれ）、もちろん記憶はしっかりしていた。

ツチノコ捜索イベントは桂川さんが村長の時代に始められている。桂川村長時代は景気のいい時代でもあった。ちょうどバブル経済と重なってもいた。1989年（平成元年）の立村百周年もあり、竹下登政権時のふるさと創生事業による1億円交付（1988～1990年）もあり、村としてもさまざまな事業を立て続けに行っていた。田畑や茶畑の圃場《ほじょう》整備事業も行われ、村の景観も大きく変わっていった。

ツチノコ捜索イベントを始めるにあたって、まず議員から提案され、すんなりと議会を通り、予算もついていている。村おこしのためには有効と判断されたためだった。

この時点で桂川さんにしても多くの議員にしても、ツチノコについては「おる（生息している）のは確か」と思っていた。

それまでも、小さな村ではあったが、多くのイベントには必ず県会議員らも顔を出し、村の職員も積極的に動き回っていた。他の村には負けたくない、そういう思いが強かったようだ。

国を挙げてバブル経済真っ只中、一種のお祭り騒ぎがこの小さな村にまで波及してきたといえる。村でも産業構造が変化し、景色が変わっていく中でも、いまだ古い共同体の形態、たとえば「結《ゆい》」といわれるものも残っていて、それがいくつかの事業の推進役も果たしていた。村民に一体感があったのだと桂川さんは話している。

村の風景が大きく変容《へんよう》していく一方で、ツチノコ捜索がスタートする。そのような混沌《こんとん》とした時代に桂川さんは村の政治に関わっていたのである。

実は、当初の私の関心はツチノコそのものについてが半分、村の戦後史についてが半分であった。ツチノコについては、どちらかというと「いないだろうな」という思いの方が強かったのである。だから、あくまでツチノコを軸として、決してオタクでもなければマニアックでもない、普通の大人たちが大規模なイベントを計画し、開催し、それが現在まで続く。そうした状況を狂言回《きょうげんまわ》しのようにして、村そのものを描きたかったのである。

東白川村は檜《ひのき》とお茶で有名だが、これは戦後に桂川さんの世代が始めてきた施策によって形成されてきた。そうした村の戦後史を知る人物が少なくなっているため、ぜひとも桂川さんのような方々のインタビューを行いたかったのである。私としては、むしろ村の歩んできた道の方に関心が向いていた。

インタビューで気をつけていること

2017年4月

トヨタ財団の助成が決まる。

それまでも何度か村に戻って個人的に話を聞いたりはしていた。いくつかの作品の準備も含めて。また、『夜明け前』（２０１８年〈平成30〉公開。２１７〜２２０頁参照）などの作品も撮っていたが、それほど忙しくはなかったため、多くの時間を調べものに費やすことができた。

私の子どもは小さかったが、私の運転する車に乗って家族で実家に行き、滞在することも少なくなかった。

助成金が入ることでスタッフの旅費、滞在費が賄《まかな》えるようになる。これは映画制作にとって大きな助けになった。

私が一人でカメラを担いで取材に出向くことも、まったくないことではない。これまでも経験していたし、今回もそうして撮影に赴いたことはある。ただ、ひとりでインタビューをしてその様子を撮影して、音声もしっかり録ってとなると、どれかがおざなりになってしまいかねないのだ。

うまく撮れていないということはないにしても、何となく画面がブレていたり、大事な部分の喋《しゃべ》りがはっきりとは聞こえなかったり、そうしたことが起こりかねない。そこでスタッフが必要となってくる。私の場合、主としてカメラマンと2人で動くことが多いのだが、今回は伊東君に依頼し、できるかぎり彼の撮影で進めていくことにする。

面白い話が出ると、私よりカメラマンの方が乗ってきて、自ら質問することもある。そこから新たな話題が展開することもあるのだから、とても貴重な存在なのである。

取材の撮影は、たとえばこんなふうに行われる。

インタビュー相手のお宅を訪れて、まずは挨拶《あいさつ》。これは私が田舎生まれのためか、他家との付き合い方では手ぶらで訪問してはいけないと教え込まれた。子どもが手ぶらでお使いにいっても、必ず後になって親がお礼を持参したり、改めて手土産を持たされることがあった。

映画のインタビューでも、必ず手土産《てみやげ》は持っていくようにしている。とはいっても、決して高級な品物ではなく（そもそも買うことができない）素朴なお菓子である。たいてい話している最中に土産は開けられてお茶請《う》けになることも多かった。帰りに他のお菓子と一緒に「これ持って帰りな」と持たされることもあるので、あくまで儀礼的なやり取りなのだろう。田舎の取材相手だと、むしろ「取れた野菜を持っていけ」など、訪問した時より手荷物が多くなったりするから面白い。

よく出されるのが、昔はヤクルト、今は缶コーヒー。これも何本も持たされることがある。これは裏を返すと、みなさん、コーヒーやお菓子を用意していてくれたわけで、少な

伊東カメラマンと撮影に行く

ツチノコの映画を作れ～
という心の声に導かれ、
カタ
カタ
カタ
まずは企画書づくり。
企画書をもとに、
いよいよ撮影に臨む。
ツチノコ映画のメインカメラマンは伊東尚輝さん。
村でツチノコ捜索が始まった平成元年生まれ。
ツチノコ、ですか……？
GIFU
すでに及び腰の伊東さんに、僕は取材へ向かう道中、今回の映画への思いを語った。
目撃談のインタビューをいくつか撮るうちに、
これ絶対にツチノコいますね！
僕より積極的になった。

からず私のインタビューを待っていてくれたことの証《あか》しなのだろう。そう思うと、決してうかつな取材などはできないという気になってくるのだ。

訪問して、カメラマンが準備を終えるまで20分、30分ほどの時間がある。その間に私が今回の取材ではこんな話を聞きたい、こんなことを知りたい、そう説明する。カメラの前で話したことなどない人がほとんどである。いかに緊張させないか、私の役割はそこにある。この時間が大事である。話しやすい雰囲気をつくり、言葉がすんなりと出てくるようにしておく。あまりカメラ慣れしているのも困るが、緊張のあまり言葉が出ないのはもっと困る。

相手が女性だとカメラ映りを気にして化粧を始めたりする方もいるのだが、「大丈夫ですよ、十分にきれいです」と笑わせたりしながら、口を滑《なめ》らかにする。

雑談しながら、マイクは私が担当しているので音を調整する。インタビュー相手が1人ならマイクスタンドを使ったりするが、数人の場合には私がマイクを持って話している人に向けることになる。指向性《しこうせい》の強いものなので、カメラに映り込まない程度に離しても大丈夫である。これが、相手が何らかの作業をしながらのインタビューとなると、ピンマイクといって小さなワイヤレスマイクを胸につけてもらったりもする。

場もほぐれてカメラの用意も整えば、いよいよインタビューだ。

話を聞くのは、だいたい1時間。その間、カメラは回し続けている。もちろん話が面白くて、1時間で終わらないこともある。また、補足的に聞いておかなくてはならないこともある。資料写真などを撮ったり、別の場所を撮ることもある。そのため延《の》べ2時間は要するのが普通だ。

ドキュメンタリー映画のインタビュアーとして気をつけているのは、あくまで話すのは相手であるということ。極力、私は口を挟まず、あいづちも声に出さず表情だけにする。音声が入らないようにするのだ。ただ、本当におかしくて、つい大声で笑ってしまって、その笑い声が入ることもあるのだが。

ツチノコらしきものを見た、という話

2017年6月5日

岐阜県中津川《なかつがわ》市付知《つけち》町にて、女性3人へのインタビュー取材。武田万葉子さんは昨年の折り込みチラシを見た方である。その方が近所の女性にも声をかけ、3人で話をしてくれることになった。

3人のうちの1人は子どもの頃におばあちゃんがツチノコを見ていた話をしてくれた。

谷間の集落で、ツチノコがころころ斜面を転がっていたという。それが頻繁にあって、ツチノコのいる風景は当たり前になっていた。おばあちゃんはツチノコではなく「ヘンビノタイショウ」と呼んでいた。「蛇の大将」ということなのだろう。

ころころ転がるのは目撃談としてよくあるパターンだから、まったくの作り話とも思えない。なお、目撃される転がり方は通常頭部からの前方回転、つまりタイヤが回転するような転がり方である。あと、横に転がる、つまり寝転がってごろごろと転がっていく姿はどちらかというと少数派である。

3人の女性も、後になって「あれがツチノコだったのかな」と思えることがある。記憶を掘り起こすとそれは、1965年（昭和40）頃までだったようだ。改めてツチノコのことを思い出したのは、東白川村でツチノコによる村おこしが始まってからだった。

私は、彼女らからツチノコ以外にもカッパやキツネ火、またキツネに化かされたという伝承も聞いた。キツネに化かされた話の伝わる稲荷神社にも案内してもらった。お稲荷さんは集落の近くにある。

よく、キツネが子どもの靴などを持って行く悪戯《いたずら》をしたのだという。峠の途中にキツネのねぐらを見つけた人がいた。そこには片方の靴や手袋など、いろいろなものがあった。キツネはそうした物々をねぐらに持って帰っては子ギツネを遊ばせていた。そんな悪戯を村人はいまいましく感じる。そこで昔話が生まれる。

墓地の近くのねぐらにいるキツネを、村人の1人が打ち殺してしまった。毛皮にしたり肉は食べたり、前足を化粧のパフにした。そのパフを化粧台の引き出しにしまっておいた。ある日、引き出しを開けたところ、そこにはキツネの前足ではなく人間の赤ん坊の干からびた小さな手が入っていたという。村人の妻は大声で叫ぶ。家族が集まり、妻をなだめる。

それ以来、キツネの怨霊《おんりょう》を鎮《しず》めるため祠《ほこら》を作り（三峯《みつみね》神社の三峯様を祀《まつ》った）、毎年、神事を行うようになったとさ。


その帰り道、茶畑で「このあたりでツチノコらしきものを見たんです」と教えてもらった。茶畑は斜面に段々状に位置する。そこの土地の地主さんを訪ねてみた。高齢の男性であり「そこでツチノコを見たという人がいるのですが」と尋ねると、「よお分からんけど、確かにそんな話があったかな」と語る。

茶畑の歴史などについても聞き、雑談をしていると、急に「ああ、そういえば」と驚いたような、信じられないような、それでいてちょっとうれしそうな表情を浮かべた。「私のお父さんが、そのヘンビ（蛇）、見たと言っていたわ」。男性が、自分の記憶に気づき、本当にびっくりした顔つきが、今も忘れられない。

まったくの偶然なのだが、この数年後、ある講演会でツチノコの話をしたところ、出席されていた女性から「私もツチノコらしきものを目撃したことがあるんです」といわれた。どこで見たのですかと問うと、中津川市であり、武田さんと同じ付知地域だった。

中津川市加子母《かしも》。ここで30年前にツチノコ研究会をしていたメンバーがいると聞いたので、早速訪ねてみる。しかし、メンバー全員が亡くなられていることが分かる。残念。ただ、加子母には江戸時代に著されたツチノコの文献資料があると旧村史に記載があった。その所在も確認してみると、今は名古屋市にある徳川美術館に所蔵《しょぞう》されていることが分かる。

——同日——

古田澄雄さん夫婦インタビュー。東白川村である。

直接ツチノコとは関連しないが、古田さんには私が以前から取材を続けている修験者《しゅげんしゃ》についてのドキュメンタリー、その一端、御嶽教《おんたけきょう》について話を聞くことになっていた。かつては東白川村でも御嶽教の信者は多かったのだが、いつしか数は減り、数軒だけとなっていた。そのうちの一軒が古田さんの家で、どのような信仰なのかを聞きたかったのだ。

御嶽教は御嶽山の修験道を元にしているのだが、正式に宗教として設立されたのは明治時代になってからだった。冨士講《ふじこう》などと同じようにこの宗教でも御嶽山への信仰登山がメインとなる。御嶽山に祈願所があり、本宮に登拝《とうはい》するのが、その宗教的儀式だ。いわばブームのように御嶽参りが流行《はや》ったこともあり、そうした時期には、とくに名古屋方面から御嶽山に向かうルート上にある東白川村は参詣客相手の商売で賑《にぎ》わったのだ。そうしたことを背景に東白川村にも信者は多かった。

現在、数少ない信者の一人である古田さんは、今もなお信仰を続けているだけあって熱心である。朝晩の祈禱《きとう》は欠かさないという。

お仕事は林業である。山に入って、森林を相手にしている。御嶽教のもつ山に対する信仰や自然観がそのまま自らの労働にも繋《つな》がっていると教えてくれた。

インタビューの目的の一つでもある御嶽教にまつわる修験道についても、いろいろと教えてもらえた。たとえば村で病人が出ると、修験者が呼ばれ、そこで祈禱が行われた。現代の観点からすると笑い事に映るだろうが、こうした超自然的な治療や言い伝えや行事、振る舞いなどは、かつて日常茶飯《にちじょうさはん》であり、ごく普通に見られた。

どこの地方でも、今もって諺《ことわざ》などによる戒めなどはあるはずだ。たとえば夜に爪《つめ》を切ってはいけないだとか、夜に口笛を吹いてはいけないといった類いのものである。迷信だと笑い飛ばすことは簡単だが、そこには知恵の堆積《たいせき》ともいうべき何らかの教えがあったはずなのだ。そのことまでも笑い飛ばすのは、少なくとも私にはできない。

病を治すために訪れる行者からは、厳しい修行によって身についた独特の雰囲気が感じられた。そのことへの畏《おそ》れから、時に病が治癒《ちゆ》することもあった。それは病人の自然治癒力が高まったせいかもしれないが、その自然治癒力と行者による祈禱とに因果関係がないとは誰にも言えないだろう。

古田さんからも、御嶽教の行者に関するいくつもの伝説を教えてもらった。

なお、ここではツチノコの話はまったく聞けず、同じ東白川村でもさまざまな人たちがいるのだと改めて知ることになる。

騒動の発端とは

2017年7月14日

東白川村で、長くお茶の生産に携《たずさ》わってきた安江辰也さんの話を聞く。これは私のドキュメンタリー作品の、一方の柱である「東白川村の戦後史」の取材が主である。安江さんは村のお茶作りについて詳しい方なので、まずお話を聞こうと思っていた。

安江さんは昭和20年代、青年団の一員として村の主幹産業を養蚕《ようさん》からお茶栽培に変えていくため普及員として活躍した方でもある。

かつては、日本の多くの農村がそうであったように、東白川村でも養蚕が盛んだった。御蚕様《おかいこさま》である。家のそばには桑畑が広がり、家の二階や天井裏は蚕室《さんしつ》、蚕部屋《かいこべや》だった。そこで蚕が育てられるのだが、桑の葉は重要な餌《えさ》である。蚕はまるで雨音のような大きな音を立てて大量の桑の葉を食べていく。そして、ここで蚕が作る繭玉《まゆだま》が農家の現金収入を生んだのである。

養蚕に力を入れた地域というのは、たいてい平地が少なく、広い田畑をつくることができないことから蚕に頼っていた。東白川村もまた同様である。谷間に位置するため斜面が多く、稲作などには適していない。そこで養蚕が盛んになっていく。

生糸《きいと》の価格は波があり、日本の重要な輸出産業であった明治、大正時代に比べて、とくに戦後はふるわなくなっていた。養蚕に替わる産業をと村の若者たちは頭を絞る。登場したのがお茶である。お茶ならば価格が一定しているし、品質を高めていけば特産品にしていくことも可能だ。静岡や京都だけでなく九州のお茶も全国区になりつつあった。

石積の畑に桑が植わっていた土地をお茶畑へと変容させる。若き安江さんはそのことに尽力した。

現在、村には見事なまでに茶畑が広がっている。この風景を作り出したのは、安江さんたち青年団の力が大きく寄与しているのだ。

そこで、ツチノコである。

安江さんにもツチノコについて尋ねてみた。本人は目撃したことはないものの、かつて周りには「あそこで見かけたぞ」という話をしている者がいたのは覚えている。そうしたツチノコ目撃例の舞台は茶畑ではなく桑畑であった。

桑畑から茶畑へと変わっていく過程で、ツチノコは生息しづらくなっていったのだろうか。そんな疑問が浮かんできた。

安江さんからは1980年代にツチノコについて調べ、書かれた会報誌があることを教えられた。すぐにその会報誌を手に入れるようにして、以後はその会報誌に文章を寄稿していた方々にインタビューを試みることになる。会報とは村の広報誌『ひがししらかわ』のことだった。

――同日――

東白川村の村役場産業振興課に勤めていた村雲陽司さん。今は道の駅の駅長になっているが、20代の頃、ツチノコによる村おこしイベントのために奔走《ほんそう》した経験を持つ。初期の

茶畑の風景——かつては桑畑であり、ツチノコが多数生息したと思われる

イベントの写真撮影なども村雲さんが担当していた。

当時、ツチノコを題材にしたからといって人が集められるとは思っていなかったという。それにもかかわらず多くの人が参加してくれた。そのことは驚きでもあった。

村雲さんなりに分析していたのだが、とくに名古屋方面からの参加者が多かったことから、都市生活において自然と触れ合う機会がなくなったせいではないかと考えられる。田舎の風景の中で思いきり自然を満喫《まんきつ》してリフレッシュして帰っていく。東白川村のような「何もない」と思われていた地域でさえ、そのように外から見られているということを学んでいったのだ。

30年前には多くの自然が今以上に村内にも残っていて、いかにもツチノコが出てきそうな雰囲気が醸《かも》し出されていた。当時すでに本気のツチノコ捜索を目的とした人たちは少なかったかもしれないが、現在よりはまだ「本気度」は高かったのではないか。ツチノコが「いる⟷いない」の濃淡《のうたん》で測るとしたら、もう少し「いる」に傾いていたようには感じる。

今では村の子どもたちでさえ自然に触れていないため、ツチノコそのものへの関心はより小さくなっているのではないかとも話してくれた。

村雲さん自身はツチノコを目撃してはいないが、やはり目撃した人たちを知っているために、「ツチノコ？　おるやろ」というスタンスであった。

2017年9月13日

私の仕事の関係で、2ヶ月ほど村に行くことができなかったが、やっと訪れることができる。前々から本村役場職員の村雲さんの上司である安江誠さんのお話を聞こうと思っていたのだ。それが、やっと叶《かな》う。

安江さんは、産業振興課で最初からツチノコ捜索イベントを担当し、それ以降も長期間イベントに関わることになる。

安江誠さんからはツチノコ捜索イベントが生まれるまでの経緯を聞くことができた。そもそも1988年岐阜県岐阜市で開催された「ぎふ中部未来博」がきっかけであった。ここには2ヶ月あまりで400万人を超える人たちが訪れたという。この未来博に東白川村も出展する機会を得て、村の伝説の山賊《さんぞく》・五介《ごすけ》を主役とした演劇を上演した。

五介とは江戸時代、東白川村の五加の久須見《くすみ》というところにいた山賊である。部下を何人も引き連れ、村人や旅人から食べ物などを奪っていった。隣村に黒川又右衛門《またえもん》という人物がいて、鉄砲を使って猟をしていた。ただ、あまり鉄砲はうまくなく、獲物《えもの》もとれない。あるとき、修行中の山伏が現れて、又右衛門に鉄砲の秘伝を伝えた。又右衛門は鉄砲の名人となり、獲物もたくさんとれるようになる。

この噂を聞いた殿様が又右衛門を呼び出し、悪さをする五介一党の征伐《せいばつ》を命じた。又右衛門は洞窟《どうくつ》で酒盛りをしている五介を見つけ、鉄砲を撃つが、1発目は当たらず、2発目で五介を倒すことに成功する。それ以来、安心して山中を歩けるようになり、そばの滝は五介の滝と呼ばれるようになった。

こうした伝説を芝居仕立てにして披露《ひろう》した。意外と好評を博し、これを機に村の夏祭りも五介を主役に盛り立てることになる。五介が村を象徴するキャラクターになったのだ。

しかし、何といっても五介は村特有のローカルな存在であった。伝説となった物語そのものを説明しなくてはキャラクターを生かすことができなかったのだ。おまけに、五介自体は悪役である。それも村を象徴させるには弱い気がしていた。いまひとつ「推す」ことができないのである。

一方、村会議員の大坪信也さんは妻がツチノコを見たという体験から、自ら会長を務め、「槌の子（つちのこ）探そう会」を結成していた。巳年《みどし》にまつわる座談会が村の広報誌に掲載されたことがきっかけで、マスコミから問い合わせが殺到《さっとう》した。このときマスコミ対応にあたったのが安江さんであった。安江さんは、このチャンスを村おこしに活用できないかと考えたのだ。

ツチノコならばネームバリューはある。五介と違って全国区である。ツチノコにまつわるイベント、それならば捜索そのものをイベント化してしまおう。

これが第1回ツチノコ捜索イベントのコンセプトになった。

それまで、東白川村という地域は何もないところだと思い込んでいた。村が生きていくためには生産物を村外に売らねばならない。その収益で食べていく。常にそうした発想であった。得たお金は外での買い物に使う。

しかし、ぎふ中部未来博では400万人もの人が岐阜市を訪れ、そこで買い物をするなど経済を回してくれたのである。それを小規模な形で、東白川村で行えないか。外から人が来ることで経済を回し、さらには新たな産業も生んでいく。

そうして第1回ツチノコ捜索イベントが開催された。1989年（平成元年）のことである。


私もこのイベントには友人とともに参加していた。いや、参加したはずであるが、ほとんど記憶に残っていない。父親がサスマタを作って持たせてくれた覚えはある。草むらをかき分けて進んだような記憶も。

それぐらい私にとってツチノコというのは遠い存在だったともいえる。

映画のためには、その存在を引き寄せる必要があるのか。もし必要ならば、そのために何をすればいいのか。

本当に一歩ずつ進むように、私は東白川村の歴史、そしてツチノコそのものへと近づいていったのである。

ツチノコに寄り添う気持ち……

2017年9月14日

ツチノコ目撃者の女性を含む、男女４人による座談会を企画。そこで（お隣の）白川町黒川へ向かう。

目撃したのは女性３人で、実はかなり新しく２０１６年（平成28年）のことである。新鮮な目撃談は珍しかったため、ぜひともインタビューしたかった。本人たちは騒がれることを嫌ってあまり公にはしていないとのことだった。すぐにニュースになるのがツチノコの威力《いりょく》である。

それで取材趣旨を説明して、決してツチノコ発見として騒ぎ立てるわけではなく、ふるさとの歴史として撮影したいのだと伝える。そのことに納得してくださり、この日のインタビューとなった。

目撃した女性たちは茶畑で働く方たちである。お茶の手入れをしている際に3人が同時にツチノコを見たのだという。

茶畑の通路のあたりに太い胴体が見えていて、明らかに普通のヘビとは異なっていた。幅の広い、平べったい感じはよくイラストで見かけたツチノコである。動かずにいたためじっくりと観察できた。他の従業員も呼んでくるために動きかけたところで、そのツチノコらしき生き物はもそもそ動いて茶畑の中に消えていった。

座談会に参加した男性によると、彼自身もかつてツチノコらしきものを見たのだという。草刈りをしているとき、棒のようなものを発見した。その棒のようなものを払い除けたとき、棒は丸くなって斜面を転がっていったそうだ。後で知り合いの先輩にその話をしたら、「それはコロガリヘンビだ」と言われたそうだ。いま思えば、あれがツチノコだったのではないかと。

インタビューの後、目撃したという茶畑を案内してもらったが、もちろんツチノコがいるはずもなく、そこには収穫を終えた風景が広がっているだけだった。

実は、このインタビューが私にとって大きな転機となっていったのだ。

それは、「ツチノコを見た」という人に対してどのように話を聞いていいか、かなり悩んだからである。

「見た」という人にマイクを向け、初めから眉《まゆ》に唾《つば》するように「そんなわけないだろ」と冷たく聞くのか、「ツチノコ、絶対にいますよね」と熱く質問をするのか、こちらの態度を決めかねていた。

そもそも村の歴史、とくに戦後史を描きたくて始めた取材なのである。ツチノコがいようといまいと大筋には影響ないだろうと、最初は思っていた。しかし、そんなわけにはいかないと、このインタビュー時に感じたのである。

ツチノコを目撃したという人たちはその存在を信じている。あるいは、すぐ近くに見たという人がいる場合もそうだ。父や母、祖父母が「見た」という。彼らがウソをつくはずがない。ウソをつく理由もない。だから自分は信じている。その人たちの中にツチノコの存在がしっかりと根づいているのである。

それに対して、私はどうなのか。

自分の気持ちを改めて掘り返してみると、ツチノコの存在を信じて取材をスタートさせたわけではない。それは確かだ。かといって「いない」とも言い切れない。ニュートラルな状態だと格好をつけて話していたが、何とも宙ぶらりんである。どっちつかずだとも言える。

ただ、狂言回しであったはずのツチノコが、私の中で少しずつ大きくなっていた。

実は、この前の村雲陽司さんと安江誠さんへのインタビューの際、「あっ」と声を上げそうになるような記憶、ツチノコにまつわる映像が頭の中を過《よぎ》ったことがあった。あれはツチノコだったのだろうか……。

それが、実際の目撃者の方々と話すうちに鮮明な記憶として蘇《よみがえ》ってきた。

小学校で行われる登山の際である。その帰り道、山の斜面で友だちと遊び回っていた。他の生徒の列からは遅れてしまっていたが、それでも悪ふざけは続く。子どもなんてそんなものだろう。

斜面にある石を引っ繰り返したり、小さなものは放り投げたり。きゃっきゃっと騒ぎながら下りていった。そんな私たちを見て、先生が叱《しか》っていたかもしれない。

少し大きめの石、記憶では岩のような大きさだったのだが、それを引っ繰り返したときである。石の下に黒い物体があった。生き物だとは思っていない。ただの物体である。何だろう？　友だちものぞき込んだはずだ。私は、そばにあった木の枝で、そいつを突っついた。ぶにゅっとした柔らかな感触が記憶に残っている。決して堅《かた》い岩状のものではなかった、と思う。

突かれた物体は、ずずっと動き出した。「うわっ」と声を上げたかもしれない。動き出した物体は、そうだ、足元に転がってきたのである。横にごろごろと寝転がるように。

「うわっ」と声を上げたのは、このときだったのか。

とにかく驚いた。

気持ち悪さと怖さを感じた私は、一目散《いちもくさん》に逃げ出した。

それだけの記憶である。

とても「見ました」とはいえない挿話《そうわ》であり、実際にあれがツチノコだったと断言もできない。

記憶が蘇ってから、インターネットで「ツチノコ」を検索《けんさく》してみた。多くの画像が出てくる。実在の生き物と見誤ったのではないかと、丁寧《ていねい》な解説がされている。その中では「山ナメクジ」というものが、記憶に近いかもしれなかった。16センチメートルほどのものはごろごろと存在するし、時に30センチ近いものもいるそうだ。

林業家の人たちにも東白川村には「山ナメクジはおるぞ」といわれたので、この可能性は否定できない。

しかし、ツチノコではないとも言い切れない。

不思議な体験であった。

実際の目撃談に心が引き込まれていき、私の記憶がどんどんと鮮明になっていく。

カメラマンの伊東君にそうしたことを話したとき、「この映画は監督自身にとっての『ツチノコ』を探していく作品かもしれません」といわれた。

「それなら今井さんも被写体《ひしゃたい》として撮影した方がいいのではないか」

あまり気乗りはしなかったが、撮影が進むにつれて少しずつ自分が探している姿、ツチノコを追い求めている私の思いが映っていなければ作品は成立しないとも思えてきた。

作品の方向づけが、この頃に固まっていったのである。

それ以後、決して堂々とではなく、どこか気恥ずかしげに、私はツチノコに寄り添うようになっていった。

記憶を旅する①

聞き手・山村基毅

生まれ故郷、東白川村とはどんなところ？

——「ツチノコ」映画について語るには、今井さんが生まれ故郷にこだわっている根にたどり着かねばならないと思います。そのために簡単にライフヒストリーをお聞きかせください。もう何代も、東白川村で暮らされているのですよね。

今井友樹（以下、今井） 代々、東白川村に住んでいますね。僕の知っているのは両親の祖父母の代ですが、実家の近くで暮らしていました。「今井」家は、もともと母方の実家なんです。今井の祖父母がいて、母は三人姉妹の次女。父が母と結婚して今井姓を継いだわけです。ですから、実家で一緒に暮らしていた家族というのは母の両親になります。

——**農業を営んでいた？**

今井 小さな畑程度は作っていましたが、僕の実家のあたりは斜面が多く田んぼは作れなくて、他の生業に頼っていました。東白川村はほとんどが山林なんです。村の中央を白川という川が流れていて、その両側に集落が点在している。ですから、僕の祖父母も村の木工所のようなところで仕事をしていましたし、父は大工、母は保育士をしていました。

――村全体が農林業で成り立っていた？　農業以外で生計を立てなくてはならなかったのですね？

今井　農林業だけでなく、製造業や建設業の比率も高くなっています。

――また、他の過疎地と同様に人口も減ってきている？

今井　1950年が5100人ほどで、現在は約2000人。4割に減っている状態です。子どもが少なくなっているのは、全国的な傾向として仕方ないのでしょうけれど、県内でもとくに少ない方です（人口構成比では、10年ほど前の統計だと0～14歳までが42市町村中36位、64歳までが最下位、65歳以上だとトップになっている）。僕の同級生でも村に残っている者は本当に少ないですよ。僕自身も、そうですし。

――自然に囲まれた土地ではあるけれど、米を中心とした農業も成り立ちにくい。いろいろと模索して、今はお茶が有名ですね。

今井　ええ、白川茶という銘柄《めいがら》で名産品となっています。これも戦後、地元の人たちが茶畑を作って、広げていこうとした努力の結果ですね。

僕はもともと、そうした地元の生業の変化などに関心があったので、そのことを聞いて回っていました。この作品も初めは、まず「村の歴史」という軸があって、ツチノコは狂言回し的な意味合いから始まっていたんです。

——その茶畑でもツチノコ目撃証言が得られている。

今井　茶畑でも見られていますし、山の中でも見られています。

——多くのヘビやヤモリ、イモリのように、あまり家屋のそばや家の中などにいたという話はないですね。

今井　ツチノコはほとんど自然の中で目撃されています。その自然が変わっていく過程で目撃談も減っていくのは確かですね。

父親の跡を継ぐのが当たり前と思っていた

——今井さんご自身のことをお聞きしたいのですが、そうした自然に囲まれた土地に生まれ育って、どうして映画監督になったのか。それもドキュメンタリー映画なのか。そもそも映画に興味を持たれたのは子どもの頃ですか？

今井　初めはビデオとテレビです。母親の勤めていた保育園に、あれは何ていうんだろ、行商みたいにしてレンタルビデオ、当時はＶＨＳを置いていく商売の人がいたんです。

——富山の置き薬みたいなものですね。

今井 そうそう。貸したビデオを次の訪問で返してもらって、また新しいビデオを置いていく。きっと保育園の子どもに見せるためだったと思います。ほら、子どもってアニメなどを見せておくと、おとなしくなるでしょ（笑）。そのビデオのリストを母親が持ってきて、ついでに家で観るものも借りようとしたわけです。

——お母さんが自分で観るものですか？

今井 母が観たかったものですね。子どもの頃に観た作品、たとえばダスティン・ホフマン主演の『卒業』（1967年・米）だとか『小さな恋のメロディ』（71年・英）とか。

——『小さな恋のメロディ』はマーク・レスター主演ですね。私も観ましたよ、子どもの頃に。ビー・ジーズの「メロディ・フェア」が主題歌。むしろ、この曲の方をよく覚えてます。

今井 『卒業』もサイモン＆ガーファンクルの歌が有名ですね。

——そうした映画をお母さんと一緒に観ていた？

今井 そうです。僕は小学生ぐらいで、初めはテレビのジャッキー・チェン映画を面白がっているのを見て、それで古い映画を観せてくれるようになったのだと思います。そのうちリストを見て、僕が「これ観たい、あれ観たい」とリクエストするようになった。

あ、そういえば村に1軒だけレンタルビデオ屋さんがありましたよ（笑）。思い出した。レンタルビデオを専門にやっているわけではなく、電器屋さんが店の奥の棚に置いていたんです。確か30本ぐらいしかなくて、すぐに全部観終えちゃった。

――映画はお母さんだけの趣味だった？

今井　いや、父も好きでした。トム・クルーズの『トップガン』（1986年・米）なんて、父が好きで僕も一緒に観ていた。一方で、母は同じトム・クルーズの『レインマン』（88年・米）を借りて、それは僕と母で観ている（笑）。それぞれの趣味で作品を選んでいたけど、僕はどちらの系統も好きでしたね。

――お父さんはアクションもので、お母さんはドラマなのかな。お父さんはずっと大工さんですか？

今井　そうですね。父の実家はほとんど大工をしています。祖父もそうだし、父の兄も大工。その息子さん、僕の従兄弟にあたりますが、彼も大工。

――大工だらけ（笑）。

今井　父は中学を出るとすぐに関市の宮大工さんのところに修業に出るんです。その棟《とう》梁《りょう》の下で九年ほど働いて独立。その後はやはり村の外の建築会社からの仕事を請《う》けていましたね。家から離れた場所に仕事場があって、大工道具が置かれていた。木材の製材などもしていて、おが屑《くず》だらけだったという記憶があります。

当時は村の周辺でも建築仕事があって、村内で仕事をすることも多かったようです。ただ、僕は父の仕事している現場というのは、あまり見たことがないんですけど（笑）。

そのうち村の外に現場が移っていって、それこそ名古屋の現場に毎日通ったりもしていました。往復で4時間もかかる。朝5時に出発して、夜の7時や8時頃に帰ってきたりしていました。よくやるなあと見ていましたね。他にも愛知県に日間賀島《ひまかじま》という島があるんです。観光地ですけど、そこの旅館を建てる仕事もしていました。そのときは島に滞在していたようです。

――建築材は村内のものを使っていたんでしょうか？

今井　今なら村の山林から伐《か》った材木を使ったりしていますけど、昔は安い外材の方を使っていたんでしょう。村にはたくさんの製材所があって、そのそばを通るとぷんと潮の香りがしたんです。「こんな山の中でどうして?」と不思議だったけど、あれは輸入材を港から運んできたためなんでしょうね。

――今井さんが子どもの頃、すでに地元の木を伐って建築材にするということは少なくなっていたんですね。それで植林地が放置されて荒れていくことになる。

今井　よく山の中で遊んでいると、枕木《まくらぎ》のように木が並べられた道筋があったんです。そこを走り回っていました。昔は木馬《きんま》というソリで丸太を運んだんですが、その木馬の通る道、いわゆる木馬道だったと後になって知るんです。

——今井さんの作品中、やはり林業従事者のおじいさんが、昔は修羅を使ったと言っていましたね。修羅、「シュラ」とか「スラ」と呼びますが、岡山でほとんど最後の修羅の現場と言われるところで丸太を落とすのを見たことがあります。巨大な滑り台をすごい勢いで丸太が落ちてくる。最後は、先っぽの組んでいた丸太を外して落としていき、全部が下に落とされるという、実によくできたシステムでした。あれが、もう半世紀以上前の話ですものね。

今井　周りに自然があって、それが当たり前の風景になっている。すでに茶畑が広がっていましたし、林業地としての活況は過ぎ去っていた。そうした村の状況が、村の外に出て初めて見えてきたわけです。

映画監督に〝なる〟には

——東白川村というのはいくつかの地区に分かれているんですよね。

今井　大きく3つですね。僕の生まれ育ったのは五加地区。それから神土《かんど》地区、越原《おっぱら》地区がある。1889年（明治22）の合併で東白川村になった。村の中心は神土地区です。ここが真ん中にあって、平らな土地があって、比較的住みやすい。五加は斜面の土地で、ずっと昔は5つの村があったらしい。それらに1つずつ神社があった。

小学校は、元は地区ごとにあったんですが、子どもが少なくなってきたせいで1つに統合。それが東白川小学校です。山の上の方にあって、僕のところからはバスで通いました。それも学校の前まで行かずに、ずっと離れたところで降ろされる。ですから、行き帰りでずいぶんと歩きました。往復で3キロメートルぐらいは歩いたんじゃないでしょうか。

――子どもには遠いですね。

今井　だから、足腰が鍛えられ、走るのは速かったんです（笑）。中学校は神土地区の中心地で、そこは自転車で通いました。小学校は20人クラスが2つ。全校で240人ぐらいです。この規模だと、全校生徒すべての顔と名前は把握《はあく》していました。中学も同じで、1学年40人。転入生もほとんどいませんしね。それこそ保育園から一緒です。保育園から高校まで一緒なのが3人いました。村の人口が5000人の頃は賑《にぎ》やかだったんでしょう。東京にある村人会で年輩者の人たちの話を聞くと、1学年が100人以上の時代もあったようですから。

道路には街灯のない時代で、夜は真っ暗です。夜、家の前で車から降りると玄関までが真っ暗で、懐中電灯をつけていました。おまけに、うちの家の裏にはお墓があった。そこで人魂《ひとだま》を見たとか、そういう話も聞いていた。僕はとにかく暗闇が怖くて、トイレにひとりで行けないほどだったんです。それは結構大きくなるまで変わりませんでしたね。

――そうした環境にあって、今井さんはどのような子どもでしたか？

今井　いつも外で遊び回っていました。決して家にこもって遊ぶような子ではなかった。ただ、スポーツは球技が苦手なんです。ボール競技が不得手というより、チーム競技が嫌だった。協調性がないわけではないんでしょうけど、他人に迷惑かけたくないという思いが先に立つんです。

僕は本番に弱いタイプなんですよ（笑）。練習ではいいところまでいくんだけど、本番になるとてきめんにがたがたっと落ちてしまう。まったく実力が発揮できないんです。それでチームプレイは苦手だと思っていた。その代わり陸上競技などは得意だったんですよ。短距離走も長距離走も。足腰鍛えられてるから（笑）。

それでも小学校では野球チームに入れられましたよ。ユニフォームはキャプテンの練習着を借りて、背番号「10」。いい番号でしょ。でも、一度も試合に出たことがなかったんです（笑）。練習のとき、フライが上がっても緊張して捕れなかったから。

村でも塾はあって、みんな車で通っていましたね。僕はすぐ近くに習字を教える人がいて、そこで習っていました。小学生のとき、すでに同じ小学生を教えられる段位も取っていた。その頃は、もう達筆《たっぴつ》だと言われていた（笑）。

そして、とくに映画を観ては、すぐに感化される子どもでした。『バックドラフト』（1999年・米）という作品を観たら消防士になりたいと思ったり、『小さな恋のメロディ』だとトロッコに乗ってみたり。中学時代には『いまを生きる』（89年・米）という映画を観て、生徒が「死せる詩人の会」というものを作って朗読していたとなると、すぐさま詩の朗読をしたり。自作の詩や（ウオルト）ホイットマンやランボー、（ロバート）ヘリックとかの詩を放送室から流したりしましたよ（笑）。あれは許可をもらって放送したはずです。

――やはり映画への関心は強く持たれていた。やがて、観る側から作る側へと関心は移っていくのでしょう。

今井　高校進学を考えるようになって、映画監督というものを意識し始めました。今まで観てきた映画を、作る側に回ったらどうかと考え出したんです。将来は映画監督になりたいと、中学卒業時には夢見ていましたね。

読んでいた雑誌に日本映画学校の広告があって、入ろうと調べて見たら「18歳以上」とある。とにかく高校は出ようと思いました。

幼少期の夢

父は大工。
家の中は大工道具であふれていた。まねごとをしてよく遊んだ覚えがある。
だから、なんとなく将来は大工になるものと思っていた。
中学の頃、父親から
大工にはなるな
って言われ、
嫌々高校に進学することに。
親元を離れ下宿生活になったのをいいことに、
ビデオ鑑賞と映画雑誌にふける日々。
教科書など開いた記憶がない。

第2章 伝承とブーム

2017年8月28日

民俗学者、伊藤龍平さんに撮影の前段階となる取材。北海道の新千歳空港ターミナルにて。

伊藤さんはツチノコについて民俗学的に発言している数少ない学者の一人。『ツチノコの民俗学——妖怪から未確認動物へ』（青弓社、2008年）という著書もある。

この前年からメールでコンタクトを取ろうとしていたが、なかなか返信がもらえなかった。この年の6月、何とか返信をいただける。

これ以前、伊藤さんは、何と台湾の大学で教えていたため、日本を離れていたのだ。なかなか返信もらえないのも当たり前だと思える。現在は一時帰国。自宅のある北海道での取材なら可能ということで、早速北海道へと向かった。

伊藤さんは最近のツチノコの文献《ぶんけん》記録、ツチノコブームを紹介するメディア記事なども収集している。俯瞰《ふかん》した位置からツチノコを見ている方である。ツチノコに限らず、妖怪なども含めた未確認動物について調べている。妖怪としての存在、捉《とら》え方は斬新《ざんしん》だろう。

また、第1次ツチノコブームを牽引《けんいん》した、というより生み出した釣り師でありエッセイストでもあった故山本素石《そせき》の業績も熟知している。山本のつくったノータリンクラブ（ここがツチノコ探索も行っていた）のメンバーにも会っている。後に私は伊藤さんを通じてノータリンクラブの方々に会って話を聞くこともできたのだ。

いろいろと聞きたいこともあり、さて、どのようなインビュー内容にしようかと思っていたところ、村に招いて講演会にしてしまったらどうかと思い立つ。講演なら、それを聴いた村の人たちが30年間のツチノコに関する活動の総括や評価を行う機会にもなるだろうし、30年という長い時間を振り返ることもできるのではないだろうか。そこでは新たな情報が得られるかもしれないし、村の人たちの抱く、30年経った現在の自然観などを確認し合う場にもなると考えた。

さて、そうなると伊藤さんには東白川村まで来てもらわなくてはならない。この企画はトヨタ財団の助成事業の計画にはないため、どこかに援助を頼まなくてはならない。もし、どこも援助してくれないようなら、私が引き受けるしかないだろう。と思っていたところ、村の「東白川村がんばる地域づくり補助金」が使えるかもしれないという話が飛び込んでくる。少なくとも伊藤さんの旅費とギャラ（といっても些少《さしょう》だが）は支払えることになった。

講演のテーマは「ツチノコ」でもかまわないといわれる。東白川村自体がツチノコを村おこしの題材としているのだから、当然といえば当然かもしれない。それで村と協力しながら計画を進めることに。一応、講演会は２０１８年（平成30）８月19日に開催する予定となる。

最初のツチノコブーム

ツチノコには何度かのブームがあり、その最初のブームと呼べるものは１９７３年（昭和48）頃とされている。この年に山本素石の『逃げろツチノコ』（二見書房）が刊行され、「釣りキチ三平」の連載スタート直前に矢口高雄が『週刊少年マガジン』にて「幻の怪蛇バチヘビ」の連載を始めた。釣り好きの矢口自身が秋田県南部でバチヘビ、つまりツチノコを探索するというストーリーである。この漫画によってツチノコを知った人は多かったはずだ。その人たちは、たいていツチノコではなくバチヘビの名称で認識している。

常に子どもを巻き込んだものが大きなブームを作り出すのは、音楽にせよお笑いにせよ同じなのである。最初のツチノコブームは、確実に矢口の漫画、それを見た子どもたちが作り出したといえるだろう。翌74年には「ドラえもん」や水木《みずき》しげるの漫画にも登場する。ここから数年、ツチノコ探しに熱を上げる人たちが後を絶たなくなった。

しかし、大事なのは矢口や「ドラえもん」の漫画が出たからといって、バチヘビ、つまりはツチノコがすぐさま「幻のヘビなのか?」と大きなムーブメントを生み出したわけではないということだ。

漫画は起爆剤《きばくざい》ではあったが、そこにはブームが芽を吹くだけの土壌《どじょう》があった。時代背景として、大人たちへの「ツチノコ啓蒙《けいもう》」があった。つまりは、大人を相手に、ツチノコという生き物が「いるやもしれぬ」と知らしめる人たち、書物、映像であったのである。

たとえば、山本素石というユニークなキャラクターをもつ釣り師であり、彼に啓発された小説家の田辺聖子《たなべせいこ》であった。田辺は1972年に朝日新聞に山本をモデルとする小説「すべってころんで」を連載する。この小説の後半に、まさにツチノコ探しに明け暮れる人物が何人か登場するのである。それらに素石や彼の仲間たちが反映されているのは確かだろう。

山本素石は1919年滋賀県甲賀郡《こうがぐん》生まれ、さまざまな職業を転々としながらひたすら渓流《けいりゅう》釣《づ》りに邁進《まいしん》する。趣味人であり、どこか高等遊民《ゆうみん》の風情が漂っている。

そして1959年8月13日。語義通りに劇的で、衝撃的な出会いがある。素石の名著『逃げろツチノコ』にその詳細が記されているので、それを参照しながら。

アマゴ釣りのため京都の賀茂川の奥深くに入っていた素石は集中豪雨に見舞われ、山崩れや泥流《でいりゅう》の中、何とか下流までたどり着く。

この大雨は賀茂川源流の地形さえ変容させてしまったという。

昼前には山を下ってきたが、こらえていた便意がどうにも我慢しきれなくなり（こうしたエピソードの盛り方が実に軽妙にして、素石らしい）、少し下った谷へと下りる。めったに人の通るところではない。荷物を川原に放り出し、少し山道を上がっていく。雑草が生い茂る地形に分け入る。《便意を促進するのにはあつらえ向きの舞台装置である》ところがアマゴ釣りの癖なのか、もう少し奥へもう少し奥へと歩いてしまう。やがて、2つに分かれた道をさらに源流へと向かう。

以下、原文から。

いくらも行かぬうちである。突如、右手の山側から妙なものがとんできた。（中略）ヒューーッといったか、チィーッといったか、そのどちらともつかぬ音を立てて、下生えの藪《やぶ》の中からゆるい放物線をえがいてとびかかってきたのは、一見したところ、ビール瓶《びん》のような格好をしたヘビであった。（中略）まちがいなく、私の首から肩のあたりを狙ってきたのだとしか思えない。とっさのことながら、私はその寸前に半身を反らしてとび退っていたので、危くもすんでのことでぶつからずにすんだ。

飛んできた物体は、地面に落ちて素石と対面した。その姿をまじまじと見て、素石は《息を呑《の》んだ》という。《なんともけったいな、いやに太短い、しかもまがう方ないヘビなのである。（中略）自分の眼を疑うというのは、こんな場合のことだろうと思う》

太さはビール瓶ぐらいだが、もう少し細い。やや扁平《へんぺい》で、黒っぽく、長さは目測40センチメートル以下。頭は大人の手の指を3本ぐらい揃えた幅、厚みも同じほど。ウロコは普通のヘビより荒く、鯉《こい》のウロコを思わせる。扁平の胴体の梁骨《りょうこつ》を三角状にとがらせて興奮している。さらに、小さなネズミの尻尾のようなものがチョロリとある。その貧弱な尻尾が横に振れている。あたかもガラガラヘビの攻撃態勢のようだった。

不気味である。おまけに、目つきが悪いこと、このうえもない。素石の目にはどう見ても「猛毒蛇」の面持ちだったのだ。

睨み合いはほぼ1分から1分半。好奇心からじっと眺めていたが、目つきの悪さと尻尾の痙攣《けいれん》に急に怖さを感じて、後ずさりをしながら間合いを取って、そして一目散に逃げ出

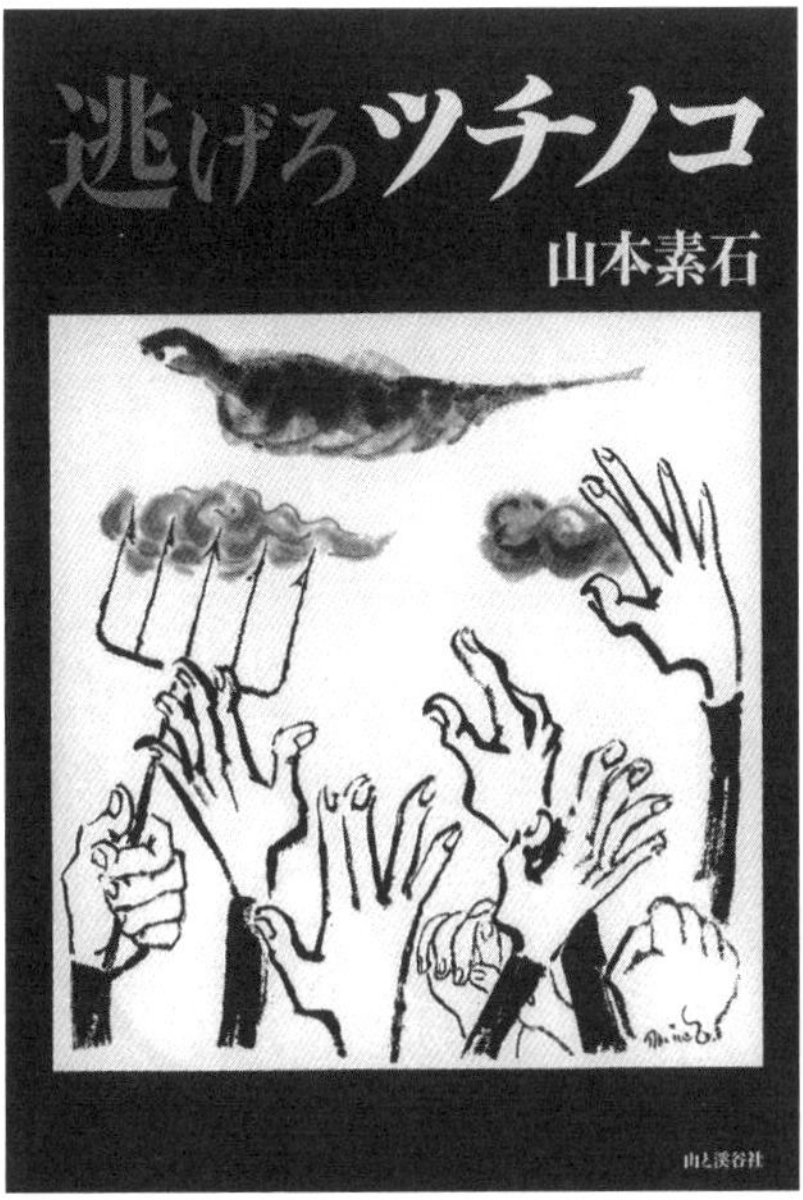

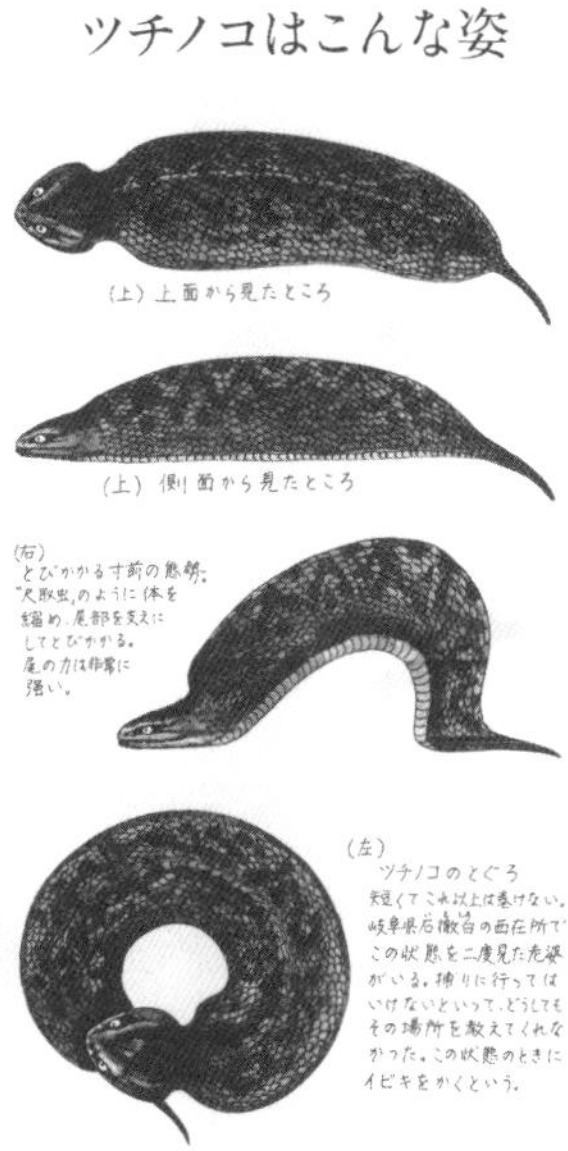

『逃げろツチノコ』は1973年(昭和48)に二見書房より刊行されたのが最初。

現在のものは山と溪谷社が2016年(平成28)に復刊した。

右はカバー裏に印刷されたツチノコの原色生態図
((上)上面から見たところ／(上)側面から見たところ／(右)とびかかる寸前の態勢。〝尺取虫〟のように体を縮め、尾部を支えにしてとびかかる。尾の力は非常に強い。(左)ツチノコのとぐろ　短くてこれ以上は巻けない。岐阜県石徹白(いとしろ)の西在所でこの状態を二度見た老婆がいる。捕りに行ってはいけないといって、どうしてもその場所を教えてくれなかった。この状態のときにイビキをかくという。)

資料提供：山と溪谷社

したという。

これが素石による「ツチノコとの遭遇譚《たん》」である。

そして、これが現在でも最も克明《こくめい》なツチノコ描写のひとつであり、具体例でもあった。

これ以降、彼は釣りが主なのかツチノコ探しが主なのか分からないほど、熱心に全国を歩き回る。至るところでツチノコを探し、とにかく目撃者を探すのだが、見た人たちは大勢現れて話を聞かせてくれるものの、ツチノコそのものの姿は、杳《よう》として知れず、だった。

そのうち素石の釣り仲間にも同好の士ができる。それがノータリンクラブである。もちろん「ロータリークラブ」をもじり、自分たちを「脳足《のうた》りん」と卑下《ひげ》してみせた命名である。

クラブ創設は1964年（昭和39）のこと。メンバー8人で発足し、会則としては《ツチノコの実在を確信してやまぬこと》が第一であり、続いて渓流釣りの愛好者であること、その次が《家庭よりも自然の山河をより一層愛すること》である。そして最後は《一旦入会したら、死ぬまでやめてはいけない》と締められる。半ば冗談、半ば本気（?）だろうか。なお、会則は明文化されたものではなく不文律なので、かなり緩やかな決まりだったのだろう。

この「家庭より自然を愛する」というあたりをデフォルメして田辺は小説化している。

家庭を省みないお父さんたちが登場し、さまざまな悶着《もんちゃく》が起きるホームドラマだ。単行本化された『すべってころんで』（朝日新聞社）は1973年（昭和48）にNHKでドラマ化もされている。ここにおいてツチノコブームに拍車がかかることになる。

なお、素石が著書のタイトルを『逃げろツチノコ』としたのは、自らが火をつけてしまったツチノコブームにより、まさにツチノコ熱が異常に高まってしまい、発見や捕獲に懸賞金までかけられるようになったことを憂《うれ》いてのことだった。多くの心ない者たちが山や森、川へと殺到するようになる。自然散策などしたことのない者たちばかりだから、傍《ぼう》若無人《じゃくぶじん》に自然の中に分け入り、自然が荒らされていく。

時はまさに列島改造ブームでもあった。1972年（昭和47）に総理大臣となった田中角栄は翌年に『日本列島改造論』（日刊工業新聞社）という本を出版し、ベストセラーとなる。列島改造論の是非は問わない。すでに問題化していた地方の過疎化を解消するため日本列島の均一化、平均化を図ったことは、時代的にみても致し方ないことではある。

しかし、ここで打ち出された工業地帯の再配置や高速道路・新幹線など交通網の拡充化に「環境への心配り」がなかったこともまた確かなのだ。それが地方の乱開発、地価の高騰《こうとう》、それに続く狂乱《きょうらん》物価を生み、田舎の土地でさえ「商品」として扱われるようになる。そのこととツチノコ発見に対する褒賞金《ほうしょうきん》とを結びつけてしまっても仕方ないだろう。

素石は『逃げろツチノコ』の「あとがき」に、こう記す。

かつて出遭ったことのあるあるツチノコの仲間が、まだこの国土のどこかにいきづいていることを信じて、私どもはそれを追い続けてきたのだが、こう騒がしくなったらもういやだ。ツチノコをダシにするピエロにはなりたくない。ツチノコよ、捕まるな、逃げろ逃げろ、と言いたくなる。

これが本のタイトルにもなっていく。

伝承を検証すると

2017年9月15日

「槌の子（つちのこ）探そう会」（以下、「探そう会」）メンバーへのインタビュー。東白川村にて。

「探そう会」の発足は1988年（昭和63）12月のことであり、その半年後に第1回の捜索イベントが開催されている。この時期、世はまさに第2次ツチノコブームの最中であった。87年に奈良県などで目撃情報が出て、すぐさま89年には和歌山県すさみ町（西牟婁郡《にしむろぐん》）、広島県上下町《じょうげ》（甲奴郡《こうぬぐん》・当時、現在は府中市）、そして東白川村などがこぞって生け捕りに賞金100万円~300万円を提示した。こうした騒動には89年が巳年だということも影響しているのだろう。普通のヘビに関する話題も数多くメディアに上っている。

これが第2次ツチノコブームである。世はバブル経済で浮かれ切っていた。

第1次ツチノコブームが角栄の列島改造ブームの最中に起き、第2次がまさにバブル景気の中で起こったのは、きっと偶然ではない。この第二次ブームの前後2年ほどがバブルの最盛期であり、ここでもまた地価、不動産の高騰が引き金となっている。今度は株価がこれに加わる。

誰も彼もが投資家となり、モノの価値とそこに付けられる価格とに大きな乖離《かいり》が生まれる。このような状態とツチノコとは無縁のはずなのだが、しかし、ツチノコが表舞台に引っ張り出されることになるのだ。ツチノコにしてみると、いい迷惑だっただろう。

東白川村でも巳年にちなんだ企画がいくつかあった。そのひとつが、村の古老《ころう》によるヘビにまつわる座談会だった。ヘビについて談論風発《だんろんふうはつ》してもらう。やはり山に囲まれた土地だけにヘビはよく見かけたようだった。いろいろなエピソードが出てくる。

さらには、不思議な生き物についても話題にされ、座は盛り上がった。みな、その生き物を「ツチヘンビ」と呼んでいる。それはヘビなのだろう、きっと。見た人もいれば見ていない人もいる。そう簡単にはお目にかかれないヘビのようだった。「探そう会」はこの座談会を機に発足されたのである。

そして、この座談会が村の広報誌『ひがししらかわ』に掲載された。

ツチノコ目撃情報について、東白川村は圧倒的に多いのである。とくに、昔の目撃例は、「ツチヘンビを見たら不吉なことが起きる」とか「ツチヘンビについて喋ると災いが起きる」と言い伝えられ、封印されていたようだった。それがパンドラの匣《はこ》さながらにツチノコブームの波をかぶって、噴《ふ》き出てきたようなのだ。どうやら〝ツチヘンビ〟とは〝ツチノコ〟のようであった。

迷信は迷信として認識されるようになり、目撃談やツチノコに関する話題が村中を飛び交うようになる。かつてツチノコが捕獲された例もあったという。炭焼きで生計を立てていた人が木を切り倒したときに「ツチヘンビ」を誤って殺してしまう。穴を掘り、その死骸《しがい》を埋めて葬《ほうむ》ったというのだ。そのエピソードは１９５９年（昭和34）頃のことである。つまり、この時点で30年以上が経っていたことになる。

有志は、その死骸を見つけようと、まずは土地を掘り起こして探してみた。もちろん、掘ったところで死骸が出てくるわけもなく、ただの土でしかない。その土を神土地区親田《おやだ》へ持っていき、神社を作ったのである。きちんと神主を呼び、ツチノコの霊を鎮め、改めて埋葬した。以来、5月3日に神事を執り行うこととした。つちのこ神社として、今もなお健在だ。近くにつちのこ公園もあり、ツチノコ目当ての人たちにはそれなりの人気スポットでもあるのだ。

こうしたツチノコを見てしまうと不吉、不幸を呼ぶというのは、東白川村だけでなく各地で言い伝えられている。京都で山本素石がツチノコを見たとされる地域にも行ってみたが、近くのお年寄りもそのような話をしていた。明治時代のこと、ある人が山の中でツチノコを目撃する。彼は、珍しい生き物を見たと近隣に言い触らす。その人の家は、その次の代で没落《ぼつらく》し絶えてしまったという。その話をお年寄りは祖母から聞いたらしい。

凶事《きょうじ》をツチノコ目撃と結びつけていくというのは、他のさまざまな言い伝えや迷信と同じパターンだ。ゴシップネタのひとつとしては、うってつけなのだろう。そうした存在になっていたことが、まさにツチノコの特徴を物語っているともいえる。

――同日――

東白川村で熊崎進さんのインタビュー。この撮影時点で生存しているツチノコ目撃者の一人である。88歳であったが、元気に山の仕事をしていた。

このときも山の中、目撃した場所での取材となった。山のことに詳しいのは当たり前だが、川のことにも詳しい。山の斜面、近くに流れる川と、地形がまさに山本素石の目撃談に似たところである。

熊崎さんがツチノコを見つけたのは、20年ほど前のこと。山仕事で木馬（丸太を運ぶ木製のソリ）を引いているときにツチノコが目の前に現れた。現場は自宅から徒歩で30分ほどの場所である。持っていたトビ（木材を引っかけたりする棒状の道具）で叩《たた》こうとしたら逃げ出していく。

実に淡々と話してくれた。ツチノコを見かけたのはそれ一度きりであったが、とくに驚くようなこともなく、「ああ、これがツチヘンビか」と思ったぐらいだ。

どうも、私たちは普通以上にツチノコを「幻の生き物」だと感じてしまっていて、世の中にはいくらでも珍しい生き物や私たちの知らない事象があることを忘れてしまっているようだ。そのことを肝に銘《めい》じるようなインタビューであった。

下北山村の懐古展に思う

2017年12月4〜6日

映画の撮影ではないが、村の子どもたちのツチノコに対する意識を知るための取材として、中学生たちの話を聞く。私の恩師である古田晃裕先生の紹介で、母校の故郷（ふるさと）学習を行わせてもらったのだ。中学生は1クラスが15人。本当に少なくなっている。

私自身について、また撮影中のツチノコ映画について話しながら、生徒たちはツチノコをどう見ているか、さらには東白川村についてはどう思っているかを探っていった。話の終わりに、ツチノコはいると思うか、いないと思うか。その理由。ツチノコについてのイメージ図も描いてもらう。

アンケートでは、意外と「いると思う」という子もいて興味深かった。イメージ図は、やはりイベントや漫画に引っ張られる形で、あの太ったヘビ状のイラストや可愛らしいキャラクターと認識されていた。

中学生でも大人がいると言うから〝いる〟と思う、そう答えた子がいる反面、いるはずがないと答える子もいた。中学生くらいになると、今まで見たこともないものは存在しないのと一緒のようだ。

これはテレビのバラエティ番組のせいだが、見つかってもいないツチノコを村おこしに使う、まさに「ウソつき村」のレッテルを貼られ、それがいまだに尾を引いたりしている。

ツチノコ騒ぎをいつまで引っ張っているんだと批判されたようである。そのために「いる」などというとバカにされるという回答もあった。

どちらかというと、村で生まれ育った子は「いる」派で、外から来た子は「いない」派のような気もするが、それほどくっきりとした色分けはできてはいない。

2018年4月18〜20日

野崎和生さんとツチノコ探検懐古展《かいこてん》の事前取材。奈良県下北山村《しもきたやま》（吉野郡）である。

下北山村もまた30年前にツチノコイベントを開催し、その中心人物が野崎さんなのだ。その30周年を記念して、当時のメディアで紹介された記事や関わった人たちなどを集めた懐古展を催そうということである。ここではツチノコ共和国と銘打ち、全国から「国民」を集めた。ユニークな試みである。ツチノコ共和国のファンとなって、この地を訪れる者も多かった。

ツチノコは何も東白川村のものではない。全国各地、さまざまなところで目撃もされているし、村おこし町おこしの題材とされている。それぞれに異なる理由もあり、また違った歩みをたどってきて、この30年後の同窓会的な懐古展からもいろいろなことが見えてきそうである。

2018年5月3日

30回目を迎える東白川村における「つちのこフェスタ」、前日の大雨で中止となる。

つちのこ神社では祭礼が例年通り行われる。有志による「探そう会」が神社の氏子である。

この日、現在の村長、旧村長などにも会う。

つちのこ神社創建時のビデオテープがあると知り、借り受ける約束をする。これは後日、手に入れた。

フェスタにやってきた水野昭司さんと出会う。ツチノコ目撃者だと知る。関市の人だが、見たのは名古屋でのことである。里山のようなところで、ツチノコがひょろりと庭先から出てきたそうだ。とにかく得体の知れない生き物だという驚きがあり、後になってあれがツチノコだったのかと認識した。何枚も絵を描いてもらうが、やはりツチノコであった。

目撃した人たちの談話の、どこか体《たい》を引いた感じも分からないではない。あれがツチノコだったのかどうか、自信を持って語れないし、まず見た瞬間は不可解なものでしかなかったのだ。これは怪異譚《かいいたん》に共通する意識だが、見た者同士は分かり合えるが、見たことのない者にはどう話してもなかなか理解はされない。

そして、自分の中でも記憶はどんどん変容していく。

私もまたそうだった。

ツチノコとは関係ないが、こんなことがあった。以前、取材で山の中を歩いていたときのことだ。藪をかき分けて歩いていると、何と角の生えている鬼の骸骨《がいこつ》があったのだ。写真で撮れなかったのは残念だが、どう見ても鬼である。私は自宅に帰ってから「鬼の骸骨を見たぞ」と話していた。

ただ、これは後にいろいろと調べてみると、どうも死んだカモシカの頭の骨だったようだ。朽ち果てて、角が残ると、どうやら鬼に見えなくもない。そもそも鬼など見たことないのに、「鬼の骸骨だ」と思ってしまう。

こうした想像力は昔の人はもっと豊饒《ほうじょう》であったはずだ。自然のひとつひとつから物語を織り成していく。ネズミを呑み込んだヘビをツチノコと呼んだのかもしれない。それは否定できないのだろう。目撃した本人でさえ、そうした疑念にとらわれてしまう。

だが、私は、これらのツチノコ騒動に対して、それだけではないようにも感じ始めているのだった……。

2018年5月7日

奈良県下北山村にて、ツチノコ探検30年記念シンポジウムを取材。

活動の位置付けも行われている。30年前のツチノコ捜索のイベント映像の入ったビデオテープがあると知り、これも後日借り受ける。

2018年6月1日

改めて奈良県下北山村の野崎和生さんのインタビュー。

野崎さんは、プロデューサー的な存在である。下北山村でのイベントは関西圏から人を呼び込もうとするための工夫であった。ツチノコ共和国に見られる遊び心あふれる工夫について聞く。

その最中にツチノコブームがあり、予想以上の人がやってくる。いわばツチノコ騒動がここでも見られたのだ。野崎さん自身ツチノコへの強い思いはあったが、一方に「本気で遊ぼう」という気持ちもあったという。

ツチノコ探しが2、3年経って別の活動へと移っていく、その経緯も話してもらった。

下北山村のツチノコ捜索などの活動が東白川村へ、広島県上下町へと連なっていったのは確かである。そうした横の繋《つな》がりを主導していったのも野崎さんであった。

話の後、ツチノコ目撃情報の現場を案内してもらう。

ツチノコの映像化に悩む

2018年6月3日

東白川村にて、青空見聞塾《あおぞらけんぶんじゅく》の田植え取材撮影。

村内では数少ない圃場整備前の田んぼとして維持されている棚田《たなだ》がある。ちょうど田植え作業をするとのことだった。大型機械の入らない棚田なので手植えである。

ツチノコが目撃されたのは、こうした風景の中であったと聞かされていたので、その風景を残そうという撮影である。のどかな中でツチノコもゆったりと暮らしていたのだろうか。

2018年6月24日

「美しい村委員会」による五加地区久須見《くすみ》集落散策の取材。東白川村。

私の恩師古田先生の案内で、美しい村委員会の有志グループが村内を歩くというので、カメラマンの伊東君が同行させてもらう。

実は古田先生も久須見集落でツチノコを目撃しているのだ。その現場も案内してもらう。今でこそ険しい山の中だが、かつては田んぼがあり、そこに畦道《あぜみち》が通っていた。古田先生

上は1988年4月16、17日に行われた第1回ツチノコ探検のときに写す。
一般の参加者100名に対して、マスコミ関係者80名
そして村からの参加も50名あった。下はそれから30年後の懐古展の様子
資料提供：（上）『週刊プレイボーイ』集英社／（下）野崎和生

は、そこでツチノコらしき生き物を見かけたのだという。怖くなり、走って逃げてしまった。

2018年8月18〜19日

伊藤龍平さんによる「ツチノコのいま、むかし」講演会。東白川村。

民俗学者である伊藤龍平さんを招いての基調講演（19日）の取材。村内外から60名ほどの参加者があった。伊藤さんの講演の前に私の記録映画に関する活動趣旨、また伊藤さんを招くに至った経緯なども報告。伊藤さんはツチノコがどのように扱われてきたか、その歴史的変遷《へんせん》も語ってくださった。講演の後、場所を移して交流会開催。

なお、講演会の前日に伊藤さんへのインタビューを行っている。

このときの話で印象深かったのは、伝説となる物語の法則は、最後は締め括られることにある。めでたしめでたしであったり、つらい状況の悲話であったり。しかし、ツチノコの物語には終わりがない。捕獲される前に逃げているからだ。あるいは、目撃者が逃げ出している。

これがツチノコ伝説の特徴であり、魅力となっているのではないか。締め括られることがないので、ツチノコの挿話はいくらでも出ているし、今後も出てくるのだろう。エンド

棚田の風景（神土地区神付）

レスなのだ。

2018年9月12日

東白川村の現村長、今井俊郎さんへのインタビュー。

1989年（平成元年）当時、今井さんは商工会の事務局長をしていた。「つちのこフェスタ」には、その立場から関わってきている。長きにわたって村の歴史なども見てきているので、そうした立ち位置からの話を聞いた。

古老から聞かされてきた「ツチヘンビ」の話、ツチノコを起爆剤とした村おこしについて。

村で育った方々は、まずはツチノコは「いる」ものとして話をされる。それがいなくなったのは環境の変化などが原因だろう、と。今井村長もまた、同じような感慨を抱いていた。親や祖父母などから伝え聞き、ツチノコは存在するものだという前提で動いている。それこそがツチノコの威力だとも思えるのだ。

――同日――

村会議員である桂川一喜さんのインタビュー。

今井村長と同様に、「つちのこフェスタ」を支えてきた人物である。とくにツチノコ以前の五介を観光資源としたイベントの中心的役割を担っていた。五介からツチノコへ、そして彼のデザインしたツチノコのイラストについてなどを聞いた。

この時点で、私の関心はツチノコだけでなく修験者や村の歴史、お茶の話など、いろいろと広がっていった。それらを、何かに集約《しゅうやく》することもできず、茫漠としたイメージを摑《つか》みきれずにいた。

故郷を描きたい、その思いは変わっていない。ツチノコを入り口にすることも変わっていない。ただ、目撃者の談話、目の前にはいないツチノコ、それをどう映像化するかに頭を悩ませていた。もっと目撃談がほしいと、この頃は切実に感じている。

そんな悩んでいるときに話が聞けたのが、安江けい子さんであった。

2018年9月13日

1989年（平成元年）頃にツチノコを目撃した人はほとんど亡くなっている。その数少ない一人が、安江けい子さんであった。

夫に先立たれたために嫁ぎ先の田畑をひとりで管理している。その近くの茶畑でツチノコを見かけた。１９８７年（昭和62）のことである。

茶畑と茶畑との間には敷き草があり、それを寄せて肥料をまいていると、一緒にいたおばさん（安江きり）が「ちょっと来て、ちょっと来て」と呼ぶ。急いでそばまで行くと、ねずみ色の太いヘビが横たわっていた。おばさんが「これ、何やろう」というから、けい子さんは「東山動物園（名古屋市千種区《ちくさ》）にもこんなもの、おらんね」と答えた。とにかくその状態で眺めていると、いつの間にかするすると動いて、茶畑の中へと入り込んで行く。以後、その姿を見かけたことはない。

けい子さんは、後になってあれがツチノコではないかと知ることになる。ツチノコブームの少し前だから、それも仕方ないだろう。《長さ約40センチ、太さビール瓶、鼠《ねずみ》の尾に似て細く、灰色に光り、はいずるように動く、速い》というのはすでに亡くなられた別の目撃者のツチノコ評だが、けい子さんもほぼ同じだった。

安江きりさんは、後に広報に手記を寄せているが、それには《身の丈四十七センチメートル、太さは私の腕《うで》程度、色は白っぽくて、つやつや輝いていました。尻尾は短く黒っぽく、背中には定規で引いた様な網目模様。蛇の様にくねくねもせず、ズリズリと繁みの中へ入っていったのです》とある。かなり克明な観察記だろう。それだけに、きりさんもまた《信用しない人もございましょうが、私は自信をもって言いたい。「槌の子生存」を》

と断言しているのだ。

このツチノコを見たことによって、いや、ツチノコなのかどうか分からない状態であっても、会話は膨《ふく》らんでいく。言わずにいられないから、２人とも家でこの体験を口にする。それがまたツチノコの物語の面白いところだろう。

記憶を旅する②

聞き手・山村基毅

映画の主人公と自分を比べてしまう……

——高校進学は家を離れて美濃加茂市《みのかもし》の高校（加茂高校）に入ります。ここで下宿生活になりますね。

今井友樹（以下、今井）　昔ながらの朝昼夕の食事が出る賄付《まかないつき》の下宿ですね。確か全部で4人が下宿していました。2歳上の先輩が2人と、同級生が1人。隣の部屋が同級生でした。

地元ではそれなりの進学校だったんですよ。そこの国際文化コース。このクラスでは第1期生になります。中学時代は普通に勉強していれば身についていたので、入学したときは結構いい成績でした。ところが、高校に入って勉強しなかったものだから、一気に成績は落ちて、卒業する頃は確か下から2番目だったはずです（笑）。これはもう完全な落ちこぼれですよ。

——クラブ活動とかはやられていたんですよね。

今井　柔道クラブ（笑）。相変わらず団体戦は嫌で個人戦ばかり。柔道体験なんかないんですけど、なぜか柔道クラブへ。入学してすぐに誘われたのかなあ。練習は厳しかったですよ。終わってから柔道着を絞ると汗が流れ出た。僕は練習では強いんです（笑）。でも、試合になると弱い。おまけに昇段試験もダメだったから、ずっと白帯でしたね。

あと、3年になってどういうわけかブラスバンド部に入りました。あれはどうしてかな。気の迷いみたいなことがあったのかも。実は、高校時代って学校の記憶はあまりないんです。映画のことも含めて、ただ妄想《もうそう》ばかりしていたとも言えるし、暗闇を歩いているような感じです。

――将来に対する不安みたいなこともあったんですか？

今井　いいえ、将来に対してではなく、当時の自分に対しての不安というか苛立《いらだ》ちだったと思います。高校に進学したけれど、一方では映画がやりたいという強い思いがあった。そのために映画学校のことを調べたりもしていたんです。そして、ごく普通の家庭で育った自分が映画監督なんかになれるのだろうかという疑問もあった。その一方で、父親の跡を継いで大工になりたいという気持ちもありました。

そのあたり、今でもうまく説明できないのですが、家には何の不満もない。不満がなさすぎるぐらい。でも、いろいろな映画を観ているとたいてい主人公は不幸なわけです。そうした不幸な人間を描いている。不幸な人が幸せになったり、あるいは不幸なままで終わっていったり。それに比べて、自分の環境は決して不幸ではない。平和なところにいて、それで映画について語ったり不幸な主人公について話したりしている。そのことに折り合えないでいる自分がいました。

親友の前では素の自分でいられた

今井　僕は一見楽しそうにしていたけれど、本当の意味では楽しめていない。授業でもクラブ活動でも、そうです。自分で自分の思いを言い表せないのでしょうね。それなら、人が思うような人間としてレスポンスしている方が楽です。演じているわけではないのでしょうけれど、周りから誤解されている方が安心していられました。

女子生徒と付き合ったこともあるんですよ。自分でいうのもなんですが、決してモテないわけでもない（笑）。それで、女の子が話しかけてくれるんですけど、少しすると離れていっちゃう（笑）。相手にされなくなるんです。そりゃ、そうですよね。普通に話すと、つまんない男ですから。

それで教科書をびりびり破いて、もう勉強はしないと決めて、3年間は教科書を持たずに通っていました。授業中は、ただただ窓の外を見ていただけのような気がします。ぼーっと空を眺めていたなあ。

――友だちにも話ができる相手がまったくいなかった？

今井　唯一、下宿の隣の部屋の同級生、彼とは話していました。その頃は本当に親友と呼べる男は彼だけでしたね。初めに会ったときは嫌な奴だなあと（笑）。背は（僕より）低かったけど見た目いい男、社交的で爽《さわ》やかで、やたらと女の子にモテる。クラスの友だちが遊びにくると、まず彼の部屋へ行く。帰り際に僕の部屋に顔を出したり（笑）。確か、バレー部のキャプテンもしていたんじゃなかったかな。

輝いていましたね。そんな彼だったけど、話すといいヤツで、部屋を行き来してはいろいろな話をしました。僕が映画の話をしたり、映画監督になりたいとか大工も継ぎたいとか、悶々とした悩みについて話す。彼はよく聞いてくれたんです。聞いてもらうことが僕にとっての癒《い》やしでしたね。

後に、彼は東京の大学に入って、広告代理店で働くようになる。僕が『鳥の道を越えて』を作ったとき、激励の電話をくれたんですけど、いまは入院しているという。お見舞いに行くと、末期がんだった。元気そうに笑って見せてくれたけど、面変わりしていました。結局、映画の上映会を待たずに亡くなりました。彼のお葬式では、本当に心から泣きました。あんなに素直に泣いたことはなかったんですよ。

少し経って、彼のお母さんから彼の残したノートを見せられたんです。高校時代のことが書かれているノート。《友樹が、いろいろ映画のこと話していた》とか《友樹がこんなことで悩んでいる》とか、そんな僕に関する記述がたくさんありました。僕は彼にコンプレックスを感じていたけど、彼は彼で僕のことを別の角度から見ていてくれた。そのことがショックでもあり、そんな彼がいなくなったことが、改めて寂しかったですね。

葛藤の果てに

——高校時代、一度、自分の思いを抱え切れなくなって、歩いて自宅まで帰ろうとしたと聞きましたが。

今井　ええ、あれは何年のときだろう、下宿から学校まではすぐ近くなんだけど、反対の方向に歩き始めたんです。それは東白川村の方向で、自宅までは歩くと9時間ぐらいかかる。歩き続けて、途中で雨が降ってきて、お昼ぐらいに父親の働く仕事場を通りかかったんです。

ふと見ると、そこで父親は木材に鉋《かなん》をかけていた。父も僕に気づいていて、こちらを見ると、息子が傘《かさ》もささずに濡れている。なぜか、僕は働く父の姿を見て泣いていたんですね。そのとき、父親は動じることなく、何も言わず、タオルを差し出してくれました。

そのタオルに染み付いた木の匂《にお》い、父の汗の匂いが何だか懐かしくて、とにかく泣き続けていました。そして父親に「僕は大工をやりたい」といったんです。父は母の作った弁当を僕に渡して「食え」と。泣きながら、それを食べましたね。

――そこから自宅に帰ったのですか？

今井　ゆっくり考えろということで、とりあえず家に戻りましたね。あのときは担任の教師も心配して訪ねてくれたんです。学校をやめて大工になるという道を考えていましたが、片方では映画監督になりたいという願望も根強く残っている。そのせめぎ合いがあって、とても学校どころじゃなかった（笑）。

――お母さんの対応はどうでしたか？

今井　母も何も言わず、三田誠広の『僕って何』（河出書房新社、１９７７年）という小説を渡してくれました。

どうして渡してくれたのか聞いたことがない。ただ、あの本を読んで救われたところはあります。ぐずぐずと悩んでいることがそれほど恥ずかしいことではない、というか。小説の主人公というのがかなり優柔不断な男で、物語の結末もすっきりしない。まさに

「僕って何」かもしれません（笑）。

あのまま自分だけで悩んでいたら、3年のときに起きた神戸児童殺傷事件（酒鬼薔薇《さかきばら》事件）みたいなことを起こしかねないという気もしたんです。少し家にいて、じっくりと考えたんです。本当に大工をやりたいのか、それとも本当は映画監督になりたいのか、と。


僕は父親の修業話、実はあまり聞いたことがなかったんです。仕事の現場も見たことがない。地域の神社の社務所《しゃむしょ》を直したとかは聞いていて、直した後の社務所は見たことがありますが、どんな仕事ぶりなのか。

大工道具は身の回りにありました。刃物を研ぐ砥石《といし》、それで遊んでいたところ、あれは高価なので、割ったりしたらとんでもなく激しく怒られました。ノコギリ振り回してチャンバラやった、クギも一杯あったので生木に打ったり。そんなことして遊んでいました。

高校のとき、文集に書いたことがあります。自分は中学を出て大工の道には進まなかった。そのことが不安だった。今でも思う、大工の道にいった方がよかったのかどうか。家は建てた当初は真新しいけれど、だんだん古びていく。でも、古びていっても住む者にとっては離れられない場所になる。家族の時間がそこに凝縮《ぎょうしゅく》されているからだ。そんな家族の時間を作る仕事をしたい……そんなことを書いていますね。父親のことを意識していたのかな。

自宅の風呂まで直すし、僕らの使うベッドも父が作った。現在の家の座卓《ざたく》テーブル、子ども用の椅子《いす》、勉強机まで作ってもらった。これはよく考えるとすごいことですよ。父親の作った物で子どもや孫が暮らし、その記憶が物に刻まれていく。勉強机は古びてもなかなか捨てられなくなるんです。でも、そこまで行くには父親ぐらいの修業経験がなければいけないだろう。今からそれをやる気があるのかと自問してみたんです。

ようやく一歩踏み出すことができた

――どちらかというと映画に傾いていく？

今井　そうですね、映画の道に進みたいという気持ちの方が強い気がして、下宿に戻って通学するようになりました。それからは週末になるとレンタルビデオ屋さんで10本ぐらいビデオを借りてきて、土曜、日曜で一気に観る。そんな生活を続けていきました。とにかく映画を観れば、自分の悩みに答えをくれるのではないかと思っていたんです。

フランスのレオス・カラックスという監督が好きで、『汚れた血』（1986・仏）という作品に感銘を受け、自分の腕にカッターでタイトル文字を刻み込んだりしました（笑）。

今も冬になるとひりひりする。

――高校卒業時には、もう映画の道に進もうと決めていたんですか。

今井　決めてはいたんですけど、映画関係の学部のある大学はほとんど落ちてしまった（笑）。受かったのは、名古屋の大学（名城大学）の夜間です（商学部）。商学部を受けたのは、映画会社のこととかカメラのこととか、まったく分からなかったけど、映画制作にはお金がかかるだろうから、その勉強にはなるんじゃないかと思って（笑）。まったく役に立ちませんでしたけど。

学費だけは出してもらって、生活費は自分で稼ぐようになりました。昼間はアルバイトをして夜は学校に通う。主に清掃のアルバイトをしましたよ。そういう仕事先でもいろいろな人たちに出会うし、学校も夜間だといろいろな人たちが通ってくる。それは面白かったですね。それまで、同じ年齢の、似た境遇の人たちとしか付き合っていませんから。

そのうち、掃除のアルバイト仲間の両親が、名古屋のテレビ局の制作部の仕事をしているという。口を利いてもらって、その下請けの会社で働かせてもらうようになりました。大道具、小道具、中継のアシスタントなど雑多な仕事を経験しましたね。スポーツ関係、といっても名古屋はゴルフやマラソンの中継が多いのですが、そのカメラアシスタントをしたりしていた。

仕事は忙しかったし、楽しかったですよ。知らない世界だったので慌《あわ》ただしく日々が過ぎていきました。もう、まともに学校に通えなくなるほどです。これじゃ、映画の道は無理だよな、とあるとき気づく。それでアルバイトも大学も辞めようと決心したんです。

――2年ぐらい通ったのですか？

今井 2年で中退ですが、実質的には1年ほどしか通っていないでしょうね。

――改めて映画監督への道を目指していくことになるわけですね。

今井 以前、入ろうと思った日本映画学校のことを思い出すわけです。あそこに入れば映画監督になれるんじゃないか、と。そのあたり、結構単純なんですよ（笑）。そう思いつくと、もう居ても立ってもいられなくて、願書取り寄せて、入る準備をしていました。

――今村昌平たちが創った「横浜放送映画専門学校」が母体ですね。

今井 そうです。初めは2年制の専門学校。その後に「日本映画学校」になって3年制となり、僕が入ったのは、この頃です。その後、2011年に日本映画大学となって、今に至ります。

――そこから今井さんの映画との関わりの新たなステージになるわけです。

ようこそ先輩―ふるさとを語る―

取材を始めて1年が経つ頃、東白川中学校で1年から3年の61名の生徒を前に話す機会をもらった。
僕のときは全校生徒100人ちょっとだったな
こんにちはー
生徒らのピュアな雰囲気は、今も昔もあまり変わらないように思った。
ツチノコ映画に関連して、アンケートにも答えてもらった。
ツチノコは…
いない 17人
どちらでもない 16人
いる 28人
全校/61人中
「いない」と思う子には、ツチノコの映画を撮る僕はどんなふうに写っていたのだろう。
ウソつきな大人だろうか？

30年ぶり参加の捜索イベント

1989年に第1回目の捜索イベントが開催されてから、毎年イベントは続けられてきた。

2018年僕は実に30年ぶりに参加することにした。

ずっと避けてたからね
前日の大雨で、当日イベントは中止に。

ガーン
開始以来はじめての中止らしい。

ツチノコ神社での神事は予定通り行うとのことで、取材に向かう。

そんな神事があることすら知らなかった。

30年欠かさず続けられてきた儀式に、村人たちの本気度を知る。

ちなみに次の年のイベントには4千人以上の参加者があった。

異聞奇譚①

取材先でよく聞いたのが、
火の玉を見た
とか、
キツネに騙された
といった類の話。
どうも昭和40年頃までに多いことのようだった。
たとえば、
山で炭焼きをしていた人が見たという
鹿を追いかける巨大なヘビの話。
御嶽山の噴火前に、
たくさんの動物が一斉に山の斜面を走って逃げるのを見たという猟師の話。
背筋の凍るような恐ろしい話がいくつもあった。

異聞奇譚② ―蛇の怨念―

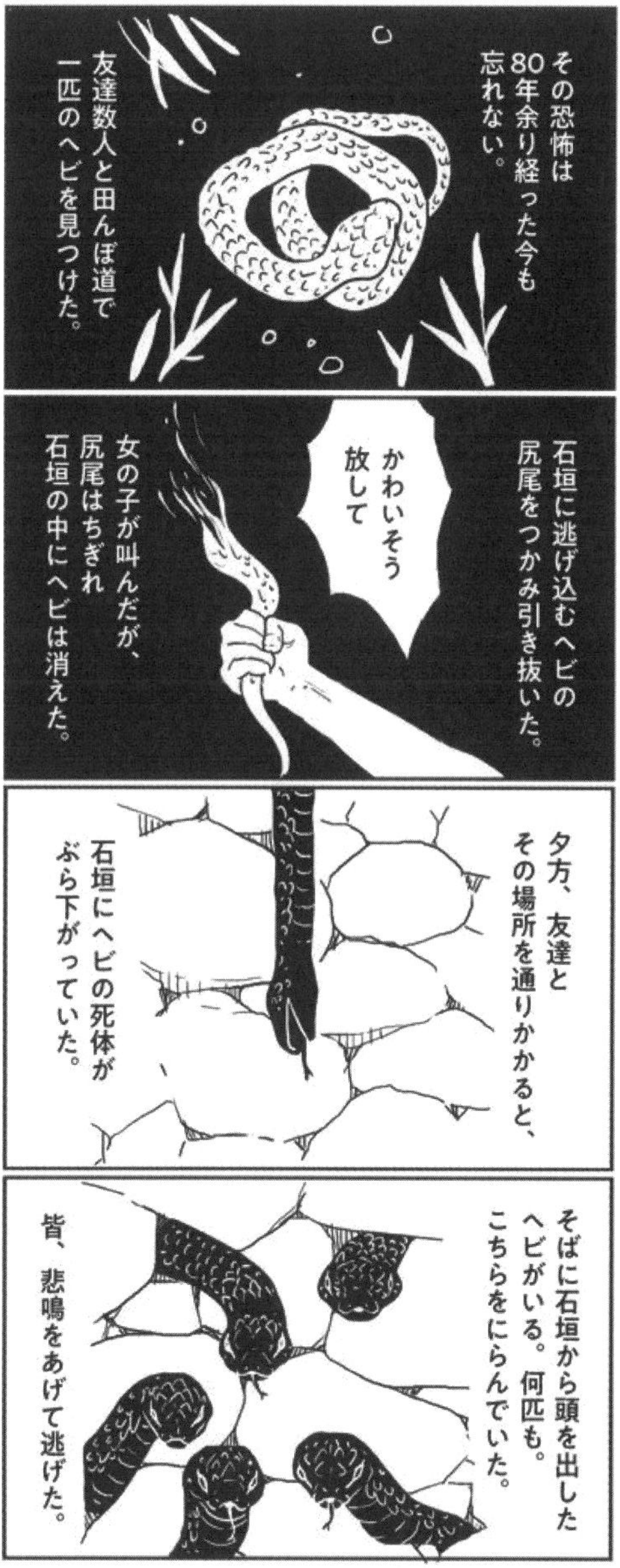
その恐怖は80年余り経った今も忘れない。
友達数人と田んぼ道で一匹のヘビを見つけた。
石垣に逃げ込むヘビの尻尾をつかみ引き抜いた。
かわいそう放して
女の子が叫んだが、尻尾はちぎれ石垣の中にヘビは消えた。
夕方、友達とその場所を通りかかると、
石垣にヘビの死体がぶら下がっていた。
そばに石垣から頭を出したヘビがいる。何匹も。こちらをにらんでいた。
皆、悲鳴をあげて逃げた。

異聞奇譚③ —念仏鳥—

あるとき布団の中で、
ちりん…
ちりーん…
鈴《おりん》の音がするのを聞いた。
その音は近づいたり、遠ざかったり。
りーん…
ちりん
…ちりん
何かが家のまわりを「お参り」しているかのよう。
お姑さんにその出来事を話すと、
それはな、念仏鳥や
わしは聞いたことはないが
とのこと。
夜中なのか朝方だったのかはっきりしない。
しかし夢ではなかった

第3章

捜索は今も続く

伝説のノータリンクラブにお目見え

2019年1月22日

前のインタビュー撮影（安江けい子さん）から4ヶ月ほど間が空いたのは、この間に文献、資料等を調べていたためである。また、別のテーマでの取材や撮影もあり、それで実際の取材撮影が年を越してしまった。

19年からは他の「ツチノコが目撃された地」を巡り歩くつもりでいた。目撃されたのは東白川村だけではないため、他の土地ではどのような扱いを受けてきたのかを知りたかったのだ。

まずは、ツチノコブームの火付け役でもある故山本素石の作ったノータリンクラブの方のインタビューから始めたかった。

兵庫県神戸市。ここに創立メンバーである新田雅一さんが住み、素石の死後に加入したノータリンクラブ若手の石原清さんもいるので、お二人のインタビューを行う。なお、この取材には民俗学者、伊藤龍平さんも同行した。

実は、この年は素石の生誕百年となる。世代的には同年に宮沢喜一、サリンジャーがいて、1年前だと中曽根康弘、1年後だと原節子《はらせつこ》、山口淑子《やまぐちよしこ》などが生まれている。なお、あの「日本列島改造論」の田中角栄もまたほぼ同年代（1918年〈大正7〉生まれ）だというのも不思議な縁である。

新田雅一さん、素石の『逃げろツチノコ』にはこう描かれている。創立メンバーたちの紹介がなされている章だ。新田さんは素石の4歳ほど年下になるのだろうか。

新田雅一（釣号は天子山人《あまごさんじん》、三十八歳・運輸会社役員・神戸）。前記の岩魚《いわな》山人（この直前に紹介されている坂井久光さん）と同じく、この天子山人も「山人」を名乗るのだが、同じ山人でも、対照的に人柄が異なる。こちらはビジネスに長《た》けた能力家である。名は体《たい》を表すというが、それは命名者があるからのことで、自称の場合は、往々《おうおう》にしてイメージとは逆であることが多い。この点、どちらも内に潜在する通俗性への強い自己反発が、期せずして「山人」を名乗らしめたのか。その俗臭《ぞくしゅう》を山気で打ち払おうとしてか、この二人は本格的に山に取り組んできた。この山人は稀有《けう》の渓流釣り名手で、山に強く、筆も立つ。爬虫《はちゅう》類《るい》は総じて好きだが、とりわけヘビは美しいという。足がなく、オッパイもなく、外性器《がいせいき》もないつつましい簡潔なスタイルを、なぜ人は嫌うのか、不可解だ、というだけに、彼がヘビに手を出すと、ヘビの方からつかまれるのではないかと思うほど、他愛《たあい》もなく手中に入る。そのくせクモが大嫌いで、豆粒ほどの地グモにも手が出せない。鬼の泣きどころというところか。

新田さんはノータリンクラブ創立グループの最後の生き残りでもある。

今もグループそのものは存在しているが、実質的な活動はしていないようだ。新田さんからはツチノコの模型や山本素石について教わる。

素石やノータリンクラブは、釣り仲間であるだけに自然保護や環境保護ということに関心が強かった。『逃げろツチノコ』の中にも、クラブに関心を持った文化人類学者で登山家、探検家でもある今西錦司《いまにしきんじ》を顧問として迎え入れるくだりがある。その理由がふるっていて、会員になりたがった今西に対して《こういう大物に割込まれるとかえって身動きがとれなくなるので》、いやがるものを無理やり顧問に据えつけたというのだ。

ただ、この今西について書かれた箇所で興味深いのは、今西もまた京都一中在学中に、京都の北山近辺で「杵《きね》の子」という太短いヘビがいると聞いて探し回ったという点である。

なお「杵の子」というのはまさにツチノコである。

その頃の今西が山歩きをするのは草鞋《ぞうり》にリュックサック姿だったようだ。今西は1902年（明治35）生まれだから素石の17歳上。一中時代というと大正時代のことである。今西は登山好きと言いながらもまだ中学生だ。つまり、この時代、好事家だけでなく一般人にもツチノコに似たヘビの存在は知れ渡っていたということになる。

そしてまた棲《す》み分《わ》け論を展開し、晩年には自然学を提唱するする今西であるから、自然への関心が強かっただろう。そのあたりが素石らとの繋がりを生んだ。おまけに好奇心旺盛な性格から、ツチノコ探索にも興味を抱く。あの今西錦司も探しているツチノコ、そのことが現代における「ツチノコ伝説」をさらに大きくしていったと思える。

2年が限界、夢とロマンの効用―上下町―

2019年4月15日

広島県上下町。松井義武さん、平野巌さんインタビュー。

ここ広島県府中市上下町は、東白川村や下北山などと同時期にツチノコによる村おこし町おこしを試みた地域である。中でも、この上下町と東白川村は行政が先導してのツチノコ探索であった。ちなみに、お笑いコンビ、アンガールズの田中卓志さんはここ上下町の出身である。

もともと広島は「過疎を逆手にとる会」といって過疎地の応援団グループ生誕の地だから（1982年〈昭和57〉に商工会議所が発案している）、ユニークな発想を重んじるところがあった。ただ現金収入となる作物を作るだけでなく、たとえば自宅の使われていない納屋《なや》を活用して着物の反物を作ったり、漬物を作ったりする。そうした「副業」は冬場に行われる。小さな仕事であっても、それを産業化させることで生産から流通までの流れが生み出される。それだけで年間200万円ほどの収入を得る人も出てきた。

この方式は東白川村でも取り入れて、田んぼに水を引く際のため池を活用してアマゴの養殖を行ったりもした。取れたアマゴを燻製《くんせい》にして真空パックにして販売したりもした。これはなかなか美味であったのだが、現在はやられていないようである。

他にもお菓子を作ったりパンを作ったり、試行錯誤をしつつ、自分の土地でできることをやろうとしているのだ。東白川村では、他に紙芝居用の木製枠を作っている方がいる。檜などを使うのだが、これなどは全国から注文があり、ニッチな商品といえるかもしれない。

そうした「過疎を逆手にとって」のツチノコイベントのスタートではないかと思い、それについても聞きたかった。

上下町では、そもそも上門優さんという方がツチノコを見かけたところから話は始まる。食糧事務所の所長というお堅い仕事に就いていて、ウソをいって周りを騙《だま》すような人ではなかった。その上門さんが2度もツチノコを目撃したというのだ。

それなら、やはり「ツチノコはいる」と考えざるをえない。なら捜索イベントを開催しよう、そういうことになった。

これは上下町に限らず東白川村でも、各地のツチノコ目撃の地はたいていそうなのだが、目撃者がウソをつくような人物ではないというところから「信憑性《しんぴょうせい》」を担保《たんぽ》されるようになる。これが、普段からウソを言って周りを楽しませるような人間だったら、証言に重きは置かれなかっただろう。「この人がウソをいうはずがない」「ウソをいっても何の得にもならない」、そういう人が目撃しているからこそ周りは信じているのだ。この上下町の上門さんもそうした人だった。

捜索イベントが実施されると「わしも見た」「オレも見た」、そんな話がいくつも出てくる。山の斜面をころころ転がっているのを見かけたというから、こうした証言もまんざらウソではなさそうだった。

ただ、この上下町でのツチノコ捜索イベントは2年で終わりを告げる。その理由も知りたかったことだった。後にいろいろと聞いたところによると、表向きは「危険だと言われている生き物を探すイベントなどやっていいのか」という苦情もあったという。しかし、実際のところは「存在しないものを探すという意味のないイベントなど必要がない」という文句があったのではないかと推察できた。

2人によると、やはり熱心にツチノコを捜索してみたものの、なかなか見つからない。そのため「ロマンが続かなかった」「ロマンが消えた」ためにイベント中止も余儀なくされたと話していた。

そうなのだ、これはツチノコという存在の大きな特徴でもある。

たとえば、「未知の生き物」河童を村や町のシンボル的存在として扱っているところは全国各地にある。模型を作ったりキーホルダー、Tシャツ、タオルやマットなど、あらゆるグッズとして河童が利用されている。しかし、河童捜索イベントは行われない。河童を探してやろうなどという者はほとんどいない。これは座敷童子《ざしきわらし》、化け猫、新型コロナ禍で話題になったアマビエでも同じだ。ましてや行政が主体となって捜索イベントを開こうなどとは考えないだろう。

そこがツチノコとの大きな違いである。河童や化け猫の語り口と、ツチノコについて語るときの物言いとはまったく異なるのだ。ツチノコについては、いみじくも「ロマン」と言っているように、どこか現実と理想との狭間《はざま》をひっそりと進むかのような歩みを感じる。「いるかもしれぬ」、あるいは「いるわけがない」」、そうした見解の違いは、実は個人のうちにも存在している。思いはその両端を振り子のように行き来している。振り子が揺れ続けているかぎり、ロマンは継続しているはずなのだ。

東白川村では、まだロマンが続いている。

藪蛇だった？ 死骸の鑑定 ―吉井町―

2019年4月16日

鈴鹿真一さん、藤本誠一さん、青山敏夫さんインタビュー。岡山県赤磐市《あかいわし》（旧赤磐郡吉井町）にて。

旧吉井町のツチノコ関連イベントは役場の職員が主導であったが、後に藤本さんたちが結成した「つちのこ研究会」が窓口となり、そこを通してすべて進められていったのである。ただ、ツチノコ発見時の懸賞金2000万円は町が提供している。

そもそも旧吉井町では2000年（平成12）になってツチノコらしき死骸が見つかる。

それが発端だ。鈴鹿さんは「ツチノコの死骸」を鑑定《かんてい》に出して、町おこしの起爆剤にしようとしたのだ。死骸を鑑定に出すというのもユニークだが（そもそもツチノコは実物がないため死骸もない。鑑定するとしたら、これまでに存在しているヘビなどとは「異なる」かどうかを調べるしかないだろう）、この「ツチノコの死骸鑑定」自体がすでに大きな話題となる。

同時にツチノコ捜索もスタートし、旧吉井町に多くの人が集まってきた。この地もまた「ツチノコの里」となったのだ。岡山は大蛇《だいじゃ》伝説のある土地で、ヘビそのものには因縁《いんねん》もなじみもある。至るところでヘビを殺したことの祟《たた》りや呪《のろ》いに関する伝説がある。ツチノコの死骸もまた草刈り鎌で殺し、その地に埋めたと言われている。

残念なことに、鑑定の結果は、ヤマカガシの変種ということだった。

ツチノコではないとなったものの、捜索イベントは継続する。懸賞金もキャリーオーバー、つまり翌年への繰《く》り越《こ》しで続けられる。現在、捜索イベントは取りやめられたが、懸賞金は生きているので、まだ捜索のために町を訪れる人たちはいるようだ。

私は藤本さんや鈴鹿さん、それに青山さんにイベントの子細《しさい》を教えてもらった。ツチノコを模したのぼりや、大きなツチノコ模型（長崎の蛇踊《じゃおど》り風のもの）を作り、イベントで披露したのだという。それらを倉庫から引っ張り出して見せてくれたのだが、懐かしそうであり、また実に楽しそうでもあった。

この後、私はツチノコ（と思われた）の死骸の見つかった場所を案内してもらった。そのあたりが捜索イベントの会場にもなったのだが、今では祠が建てられていた。結局ヤマカガシの死骸でありツチノコではなかったとしても、きちんと祠を作って祀る。イベントがツチノコを主人公としていた意味が、そこに表れているように感じられた。

探検隊はゆるやかに存続―旧美方町―

2019年4月17日

兵庫県美方《みかた》郡香美《かみ》町（旧美方郡美方町）。宮脇壽一さんへのインタビュー。

故郷を出て都市部で暮らしながら、どこか悶々としている人たちは大勢いるはずだ。私もまたそうだから。宮脇さんもかつては東京に出て暮らしたが、父親が亡くなられて故郷の旧美方町に戻ってきた。

外の風を浴びてきたことで、いろいろと見えること、考えつくこともある。いろいろなイベントも企画して実施している。旧美方町の場合、山の中に位置するものの、神戸などの都市部が同県内にひかえている。そうした街場《まちば》の人たちはあまり自然に触れてはいない。街場から遊びに来てもらうだけでなく、交流の場としての山村を作り上げていくことを目

建設用ダクトとカラーコーン、発泡スチロールを削って作ったという
ツチノコの張り子を蛇踊りのごとく操ってみせる藤本誠一さん、鈴鹿真一さん

的としてもいた。

実はこの地でのツチノコ目撃例は、かなり多い。とくに昨今では東白川村より多いのではないか。それだけにツチノコを使ったイベントを仕掛けてもおかしくはないし、宮脇さんがそのことを思いついた。

旧美方町ではツチノコの死骸を埋めたとする場所があり、そこの発掘を行ったが、現場は大雨の土砂で流されてしまった。

宮脇さんも「つちのこ探検隊」を企画し、ツチノコ捜索を行った。ちなみに、ここでは懸賞金ではなく「土地100坪」を賞品として進呈《しんてい》することにした。その土地は当時の町長の私有地であったようだ。

探検隊は、今も存続しているが、捜索そのものは行われていないようだ。親睦《しんぼく》であったり情報交換であったり、活動は実に緩やかである。

宮脇さんへの取材で、私の故郷観が改めて問い直されていく。少しずつ、この作品でのテーマが輪郭《りんかく》をはっきりさせてきた。

あまりに高額な懸賞金―千種町―

2019年4月19日

兵庫県宍粟市《しそうし》（旧宍粟郡千種町《ちくさ》）。ここで平瀬景一さんの取材を行う。なお、平瀬さんは話すのはかまわないが映画のための撮影は拒まれたため、いろいろと経験された話を聞くにとどめた。

平瀬さんは町役場の職員をしていた方である。平瀬さんの親戚が捜索隊を主導していたため、平瀬さんも参加した。当時の資料などは撮影させていただく。

この地でもツチノコ目撃は数多くあり、どういうわけかここでは「サメ」と呼ばれていたようだ。この点について、山里で見つけられた怖い形相《ぎょうそう》のヘビは「サメ」または「ヤマザメ」と呼ばれていた例がある。凶暴《きょうぼう》な牙《きば》などをもつ怖い生き物のことを総じてサメといっていたのが、転じてツチノコにも使われたという説である。何となくサメもヘビも似たイメージがあるし、皮が使われるところも同じである。

旧千種町は1992年、ツチノコ生け捕りに2億円の懸賞金を出すとぶち上げて話題となった。懸賞金としては最高額ではないか。死体であっても1億円の懸賞金が支払われる。

素石率いるノータリンクラブが、まったくの有志によるツチノコ捜索を行っていたものの、どこかで捜索そのものに嫌気がさしていった一番の原因はこの2億円だったらしい。

とくに、兵庫県という近場の町での企画だったから。

懸賞金を出すというのはノータリンクラブも行っているものの、本当に有志が集められる程度の金額である。当時としては１００万円ほどであった。

行政が町おこし村おこしの起爆剤として懸賞金を出すことにし、マスメディアなどで取り上げられるために金額が吊《つ》り上げられていく。それで上限がどんどんエスカレートしていった結果なのだということも理解できる。

しかし、数千万円、そして億単位の金額となると、ここではもう「ツチノコはいない」ということが前提になっているようにも思えるのだ。「いない」のだから賞金はいくらでも吊り上げられる。数億円、数十億円……ぶち上げた方が得策だ、そう考えたとしてもおかしくはない。

もうひとつ、やはり昔からのツチノコハンターたちのカンに障《さわ》ったのは、当時の町のお偉い方のこんなコメントが目に触れたからだ。もし、本当にツチノコが見つかって2億円を払うことになったら町の財政は成り立つのか？　それに対する答えは「いざとなったら、そのツチノコを売ってしまえばいい」。それで2億円の元は取れるというわけだ。

こうしたやり取りなどが、いかにも拝金主義に思えてならなかった。ノータリンクラブの方たちも当時を振り返って、そのような印象を持っていたようである。

決して、町としてもそれだけの理由でツチノコ捜索を行ったわけではないと思いたいが、そのように映ったとしても仕方ないだろう。平瀬さん自身は、ブームが去った後もツチノコを探し続けていたようだ。

集客抜群のイベントに成長―東白川村―

2019年5月2日

東白川村。

この翌日、東白川村の「つちのこフェスタ」が開催される予定であった。昨年は大雨のために中止となった。この年は大勢の参加者が見込まれるため、村でおもてなしをする人たちも取材しようとしたのだ。

とにかく村中が慌ただしく、どこか殺気立ってさえ思える。

人口2000人程度の小さな村に、人口を超える人たちが集まるのだ。大きな事故がないよう、満足して帰ってもらえるように、そのことを願っての準備である。

役場の職員もほとんどがイベント要員として駆り出されていた。

第1回から数えて、今度が30回目である。30年以上が経過した。

その第1回に参加した私も、30年ぶりに参加するつもりであった。

2019年5月3日

東白川村。「つちのこフェスタ」当日、撮影・取材。

イベント当日、過去最多の4000人が参加。村内外からの人、人、人、人、人、人である。メイン会場からつちのこ捜索場まで徒歩で30分。参加者が一斉に茶畑の斜面を捜索する。なかなかに壮観である。

なお、単にツチノコを捜索するだけでなく、木製（金色、銀色、銅色）のツチノコ模型がそこかしこに隠されている。模型の発見者には景品が出る。他にも時期的に山菜が豊富でそれを楽しみに来る人たちもいた。

ツチノコ模型を探そうとする人、山菜採りに精を出す人、熱心に本物のツチノコ捜索をする人、みんなが何かを「探す」行為に力を注ぐ。そして、楽しんでいるように見えた。

午前中にはメイン会場に戻って、景品交換、昼食タイムとなる。

私は、ツチノコを探すこと自体にあまり興味はなかった。ツチノコ捜索をしている大人や子どもを描こうと思ったのだ。とくに大人たちの元気な姿が見たかった。探しているとき、いろいろな表情が見えてくる。捜索会場の反対側のお茶畑がにわかに騒がしくなった。

どうしたんだろう。行ってみると、シマヘビが見つかったというのだ。初めてヘビを見かける大人も多く、これでひとつ土産話ができたようだった。

30年前の捜索イベントに参加した頃は、日本各地で夢やロマンが語られていた。ちょうど平成に切り替わったときであり、一方に昭和を懐かしむ思いがあり、一方に新たな時代の幕開けへの期待があった。

各地のツチノコ捜索地では、きっと同じように夢やロマンが語られていたのだろう。ツチノコはロマンだという言葉はその意味でも「時代」と密接に結び付いている。このツチノコ捜索ブームの直後、日本ではバブル経済が弾《はじ》け、以後長い長い空白期間が続いていく。その間にロマンが語られることも少なくなっていった。

村の人口の2倍もの人たちが、それもひとつの空間に集まってくる。ほとんどが車で訪れる。車が続々とやってくる。各地からこの村の、この空間を目指して。

私は、かつて見たケビン・コスナー主演の『フィールド・オブ・ドリームス』（1990年・米）という映画を思い出してしまった。『シューレス・ジョー』（W・P・キンセラー著、永井淳訳、文藝春秋、85年）という小説が原作であるが、このような内容だ。

一度は都会暮らしをするものの故郷へと戻ってきた息子（レイ）、野球選手への憧れを持っていた亡き父親、自宅の前に広がるトウモロコシ畑。ある日、レイは謎の声に導かれて畑を野球場へと改造する。すると、かつて球界を永久追放されたシューレス・ジョーという名選手がやって来るのだ。その後、サリンジャーを思わせる作家（原作では実際にサリンジャーとなっている）や新たな謎の声もあると、往年の、今は亡き大リーグの名選手たちがこの地に集まってくる。

彼らの姿を見て、レイは経営難の畑を手放さないことにする。

畑の中に作られた野球場。名選手たちのプレイを見るため大勢の観客たちが、この片田舎を目指して車を走らせるのだ。ヘッドライトの列、楽しげな人々……。

この日の賑わいは、あたかもトウモロコシ畑に向かう車の列を彷彿《ほうふつ》とさせた。

夢やロマンもまんざら捨てたもんじゃないな。

2019年5月4日

春の季節の東白川村を撮影する。春の陽射しの中、久しぶりにゆっくりと村の中を歩くことができた。

記憶を旅する ③

聞き手・山村基毅

興味のなかったドキュメンタリー映画を観るように

――高校、大学に比べて映画学校では映画オタクみたいな人が多かったのでは？

今井友樹（以下、今井）　そうですね。マニアックな人が多かったのは確かです。映画の道に進もうという連中ばかりですから。高校時代などは、映画について話してもまったく通じなかったけれど、映画学校ではツーといえばカーというか、すーっと話が通じていきます。逆に、僕の方が教わることばかり。

――年齢的には、みんな年下ですか。

今井　僕が21歳でしたから、年下が多かったです。ちょっと下の、高校を出たばかりの子が半分ぐらいかな。のこり半分が、一度社会に出てから入ってくる、僕と同世代、さらに上の人たちです。世代的なギャップは感じませんでした。

それまで見続けてきたのは劇映画ばかりです。だから、僕は劇映画、ドラマがやりたかった。鮮烈な映像、それこそゴダールの後継者といわれたレオス・カラックスに傾倒《けいとう》していたし、トム・クルーズの『トップガン』や『レインマン』みたいなアメリカ映画も好きだった。やはり面白さ重視というか、エンターテインメント志向ではあったでしょう。

ただ、一方で『木靴《きぐつ》の樹《き》』（エルマンノ・オルミ監督／1978年製作／イタリア）みたいな作品も好きでした。これは中学生の頃にBSで見たのかな。それで、どこがどう面白いのか分からなかったけど、強く惹《ひ》かれていたんです。映画学校に入ってから、改めて見直して、やっぱりすごい作品だと思った。その印象は強く残っていましたね。

入学して最初の授業が「人間研究」。興味のあるテーマをグループで調べてきて30分で発表するんです。録音した音声と写真で構成して、一種のプレゼンですね。僕たちのグループは僕の田舎の祖父母の話を聞き、いろいろな歴史の本などを調べてまとめました。

祖父母は昭和の初め頃、東白川村に生まれて、10代半ばで村の企画した満蒙開拓団《まんもうかいたくだん》に加わるんです。斜面が多く田畑のないような地域ですから、もっと豊かな土地や生活を大陸に求めた、ということなのでしょう。渡ったときは祖父母とも別々でしたが、満州《まんしゅう》（現在の中国東北部）で結婚することになります。祖父母はそれぞれ一家で渡っていますね。

終戦を迎えて引き揚げようとしたところ、若い祖父母の世代は現地に残されて、炭鉱《たんこう》労働に就かされる。それから帰国するまで8年。シベリア抑留《よくりゅう》ほど厳しくはなかったようですが、さまざまな苦労があった。そうした話を聞いたのです。

この祖父母の詳しい談話というのは僕にとって大きな衝撃でした。それまで東白川村に対しては「何もない」地域、語るべきもののない田舎というイメージしか持っていなかったものが、大きく変貌《へんぼう》して見えたんです。指導講師だったドキュメンタリー監督・小池征人さんの影響もあり、ドキュメンタリーという方向に関心が向いていきました。

――小池さん自身も実作者ですね。

今井　はい。水俣《みなまた》のドキュメンタリー映画で有名な土本典昭《つちもとのりあき》さんの助監督からスタートして、『人間の街　大阪被差別部落』（1986年）や、確定死刑囚《かくていしけいしゅう》から初めて再審無罪判決《さいしんむざいはんけつ》を勝ち取った『免田栄　獄中の生』（93年）、アルコール依存症《いぞんしょう》を抱えた人たちを描いた『もうひとつの人生』（96年）など数多くの作品を作っています。

僕は小池さんから、お人柄はじめ、人への眼差しやテーマと向き合う姿勢を教えられました。当時の僕は、劇映画制作は軍隊のように監督が厳しく統制管理して作っているのだと勝手に思っていました。だから余計に小池さんを通して出会ったドキュメンタリー映画制作の方が民主的に思えたのです。

――ほとんどドキュメンタリー映画など観たことはないでしょう？

今井　ドラマがやりたくて映画学校に入ったぐらいですからね。でも、自分の過去に観た作品を思い返してみると、先ほども話に出た『木靴の樹』という映画。イタリア映画ですが、19世紀の貧しい農家の話です。主人公は小作農《こさくのう》で、子どもの木靴が壊れてしまう。新たな靴を作るため地主の持つポプラの木を切り倒してしまい、それが原因で土地を追われるというストーリーです。

素人の農民を俳優として使って、農家の住まいや仕事ぶりも古い時代のものを再現していく。今にして思えば、ドキュメンタリー映画に通じる作風でもあります。

民俗学の世界を知る

今井　いよいよ2年次からは技術系と演出系に分かれて、演出系はさらにドラマとドキュメンタリーのいずれかを選ぶ。僕は演出系でドキュメンタリーを専攻しました。高校まで、まったく勉強らしい勉強をしてきませんでしたから、ここで改めて勉強し直しましたね。

その勉強の過程で、小池さんに『忘れられた日本人』を勧められ、そこで民俗学者の故宮本常一《みやもとつねいち》さんを知るようになるわけです。この頃は、映画よりも民俗学関係の本などを読むようになっていました。『東北学』などは、熱中して読みました。

——柳田國男《やなぎたくにお》などとは異なり、どちらかというと現場主義的な民俗学なのかな。

今井　宮本さんは日本各地を歩いている。そして、古老などの話を聞いて、その土地ごとの特徴や魅力、さらには問題点などを書き続けていました。全集は膨大《ぼうだい》な量です。ここでまた、ああ、こんな世界があったのかと目を啓《ひらか》かれたといえます。

僕は東白川村に生まれ育って、田舎であることに「マイナス」のイメージしか持っていなかったんですね。何もない、ほんと、山や川しかない。あとは茶畑と狭い田畑。そこに3600人ほど（1980年代の頃）が暮らしている。自然と村民とタヌキだけ（笑）、あ、タヌキはいないのかな。宮本さんの本を読むと、自分のふるさとがそれでいいんだと肯定されているような気分になりました。

――『木靴の樹』の世界ですね。

今井　さすがに、あそこまで厳しい生活ではありませんけど、どこか通じるものがある。

有名な映画監督のプロフィールをみると、たいてい東京出身で、親が新聞記者だったり学者だったり、本人も有名大学を出て有名な監督の下で助監督などをやって、さっそうとデビュー作品を作り、それが評判になって監督の道を歩み始める（笑）。もう、僕とはまったく違っている。これじゃ、監督としてやっていけないんじゃないかと思っていたところに、「そんなことはないよ」と宮本さんの本に教えられた気がします。

あと、やはり宮本さんの影響を強く受けられている赤坂憲雄さんという民俗学者の提唱していた「東北学」からも教えられました。

村などの共同体が、本来人間の暮らしのベースになっていたりする。人の生活にとって、とても大切な部分です。そうした人と人とのつながりは田舎だろうと都市部だろうと変わらないのでしょう。いや、田舎の方が人のつながりが鮮明に見えているかもしれない。その田舎にフォーカスすることで描けるものがたくさんあるんじゃないか、と。

祖父母のライフヒストリーもそうですし、小池さんの作品群もそうです。そうしたことから、僕の思いがドキュメンタリー映画にシフトしていった感じですね。

――ドキュメンタリーという器《うつわ》が先にあったわけではなく、まず今井さんの故郷観があった。それを盛りつける器がドキュメンタリー映画だったということでしょうか。

今井　そうかもしれません。もちろん、一方に目の前で起きている事件や出来事に向き合うような、そんなドキュメンタリー映画があってしかるべきだとも思います。優れた作品がたくさんありますからね。ただ、僕の関心はそうではなかったということです。

そのうちに、宮本さんの本に出てくる姫田忠義という人物に関心を持ったんです。民族文化映像研究所（以下、民映研《みんえいけん》）というところがあり、宮本さんの書くような民俗的な労働、行事、祭事などを映像として残そうとしている人らしい。それが姫田さんを知ったきっかけですね。

卒業制作と3日間の断食

――映画学校でドキュメンタリー系を選ぶ人というのは少ないのでしょうね。

今井　かなり少ないですよ。1学年に160人ぐらいの生徒がいて、10人ちょっとかな。そんなもんです（笑）。その中で、3、4人がグループになって卒業制作を作って卒業していく。小池さんは、映画の基本はドキュメンタリーだよといつも話されていて、僕もそう思うようになっていきました。

――やはり卒業制作として一本の作品を作るのが大仕事になってくる。

今井　本格的な映画制作など携わったことがありませんから、右往左往しながらやっていきました。

――テーマは何だったのですか？

今井　青ケ島《あおがしま》という八丈島《はちじょうじま》よりさらに南（東京から370キロメートルほど）にある島なんです。面積が6平方キロメートル、人口は170人ぐらい。調べてみると、ここは神々の島らしい。

これは面白そうだと思い、「神々の暮らす島」というような企画書を作ってプレゼンをすることにしました。卒業制作はそうやって各自が企画を持ち寄って、その中からいくつかの企画が選ばれるんです。

――どうして青ヶ島に目をつけたのでしょう。

今井 実は、僕は季節労働のアルバイトとして春休みをここで働いた経験があるんです。

――どんな仕事ですか?

今井 ダイバーの補助ですね。バイトの情報誌をみて応募したんです。この島は港湾の工事が盛んで、その土木工事にダイバーが必要とされる。潜って、いろいろな作業をするわけです。その補助の仕事です。島には1ヶ月半ほどいました。

たとえばダイバーが水中で地面を掘削《ほっさく》しているところに空気を送ったりする係ですね。空気を送るといっても、トラックに積んだコンプレッサーにつながったチューブから送るんですけど。トランシーバーでダイバーとやり取りして、それで作業を進める。

――生活はどういうところで?

今井 宿泊所があって、共同生活です。僕の仕事は、基本は陸上にいるんですけど、天候によっては5、6メートルぐらいの波があったりして、そうすると作業は中止。ひたすら待機です。だから1ヶ月半のうち実質的には10日ぐらいしか働いていない(笑)。

――島の状態はそのときに見聞きしたわけですね。

今井 あの島には、常時土木工事などの労働者が50人ぐらいいました。島民の人は挨拶しても返事をしてくれない。何でだろうとは思っていたんです。これは後に分かるのですが、僕らは他所者《よそもの》であり、すぐに出ていく者たちである。親しくする必要がないということだったようです。そうしたことにも興味を持ちましたね。

小さな島に200人に満たない人が肩を寄せ合って暮らしている。その共同体の在り様に関心がありました。それで卒業制作のテーマにしたいと思ったんです。何とかプレゼンも通って、「やりたい」といってくれた3人の仲間とともに青ヶ島のドキュメンタリー映画を撮ることになったわけです。

――期間はどれくらいになりますか？

今井　半年間です。ずっと滞在するわけではなく、断続的ですけど。ただ、青ヶ島まで行くには料金が安いので船を使う。これが12時間ほどかかります。あと、確か学校から経費という形で交通費、宿泊費、機材費ぐらいは出たのかな。でも、足りないと思ったので、最初はテントに寝袋で滞在していましたよ。あそこは活火山なので地面が暖かい。そこにテントを張って寝てましたね。低温やけどをするぐらい暖かいんですよ（笑）。

事前に青ヶ島について調査していたら、島の出身者にフリージアグループのオーナー、佐々木ベジさんがいることが分かった。投資家としても有名ですよね。それで会いに行ったんです。そうそう、ちなみにタレントの篠原ともえさんも、お母さんが青ヶ島出身です

（笑）。たまにイベントやってますね。

それで、佐々木さんに青ヶ島をドキュメンタリー映画に撮るに際していろいろサジェスションをいただこうと思ったら、「お前、そんな軽い気持ちで青ヶ島に行くな！」と叱られた（笑）。まったく島のことが分かっていないということだったんですね。島の家々には代々受け継がれている神様がいる。それも知らなかった。

「撮影したいなら、少なくとも島にあるお堂で断食《だんじき》をしろ」と。「3日間の断食をしないと、オレは許さんぞ！」と言われた。そう言われたら、断食しないわけにはいきませんよね（笑）。それで撮影隊として島に初めて渡った日に、役場に話をつけて、3日間、寝泊まりさせてもらうことにしたんです。

一応、決まりとして飲み水はオーケーだった。あと、塩もいい。なぜか飴玉《あめだま》も大丈夫でしたね（笑）。役場の人に話したら、最初に海に行って水垢離《みずごり》しなくちゃならないという。裸になって水を被《かぶ》って、それから社務所に向かいました。

とにかく3日間、断食しましたよ。若かったからか、しんどくて耐えられないとは思わなかった。ただ、何もすることがないのは辛かったですね。ひたすら時計を見て過ごしていました。それでも2日目が終わる頃から、甘いものが欲しくなる。甘いもののことばかり頭に浮かぶんです。いま思えば、断食を求められた意味さえ分かっていなかった。

３日間、ついに断食を終えた瞬間、一番近くにあった自動販売機まで走って、甘い炭酸水をがぶ飲みしました。そうしたら、本当にばたんと気を失ってしまった。通りかかったおじさんに「大丈夫か」と起こされて、それで仲間のところへ戻りました。

取材相手の信用を得るためには体を張るぐらいしかやれることはない。ただ、これで少しは信用されたみたいで、集落のお祭りにも参加させてもらえるようになりました。宿泊も、工事の人たちが使っていた宿泊所を使わせてもらえるようになったのです。

「ずっと付き合うつもりで話を聞かせてもらうんだ」

――漠然と「島」を取材するのではないでしょうから、取材相手を見つけなくてはなりませんよね。それは、どうされたのですか？

今井　神々のいる島というテーマでは、あまりに漠然としているので、何人かの登場人物を設定しようと思ったんです。最初は牛飼いを生業としているおじいさん。弟さんが東京でバンドマンをやっているという人で、その弟と会いたいというんです。２人の再会の場面があると面白いかな、と。

取材申し込みの書類にサインをもらおうと渡しておいたところ、なかなか戻してくれない。それで家に行ってみたら、書類は神棚に置いてある。実は、おじいさん、字が読めなかったんです。でも大切なことが書かれていると思ったから神棚にお供えしたんだそうです。それで書類を読んであげて、いいよという返事をもらって、いろいろと取材させてもらいました。

おじいさん、とってもいい顔をしているし、島で苦労された話は興味深いんだけど、ドキュメンタリーとして撮影して作品にする自信が持てなかったんです。4人で話し合って、対象者を変えようとなった。そこで出会ったのが廣江米子さんなんです。

——一人暮らしの女性ですね。この時でおいくつぐらいなんでしょう？

今井　67歳かな。彼女も牛飼いで、毎日牛の餌《えさ》となる馬草《まぐさ》を刈り続けている。家には何匹も猫がいて、それに餌もやっている。家に行くと猫だらけで、平気で食卓に乗ってくるから猫アレルギーだと大変でしょうね。

この米子さんのライフヒストリーで一編のドキュメンタリーを作ろうとしたんです。

——改めて「島」を見つめ直すには、適任の人物だったということなのですね。

今井　米子さんは家庭が複雑で、10代で島を飛び出すんです。熱海に行って、そこでマッサージ師をすることになる。結構、羽振りがよくて力道山や田中角栄の身体も揉《も》んだことがあるといってました。

気の強い人で、とにかく男運が悪くて、ギャンブルばかりやっている男とかどうしようもない男とくっついては子どもができるんだけど別れてしまう。その都度、貯めていたお金を取られたり子どもも取られたり、大変な思いをするんです。最終的には三女を産んで一緒に島に戻って、島の郵便局に勤める男性と一緒に住むようになる。ところが、この男性が崖崩れの事故で亡くなり、三女も島を出ていってしまう。

猫屋敷、一歩間違うとゴミ屋敷みたいな家にひとり残された米子さんですが、別れた男に取られた長女や長男に会いたいっていうんです。僕は、米子さんに子どもたち（孫）と会ってもらい、そのシーンを撮影することでこのドキュメンタリーは完成するのではないかと思いました。それで連絡してみたのですが、熱海に住む長男だけが会ってくれることになったんです。

緊張する米子さん。八丈島まで船で行って美容院で髪の毛も整えます。そこから飛行機で東京に向かいました。

熱海で、ついに長男やその子どもと対面することができたのですが、互いに淡々としたものになっています。恥ずかしさが先に立ったような感じでしたが、話していくうちに米子さんの記憶が蘇ってくること、再会を本当に喜んでいることが伝わってきました。

こうした映像をドキュメンタリーとしてまとめて、学校では卒業制作として上映されました。『オモウワヨ（さようなら）』（35分間）という作品です。うーん、評判は散々ですね。ただ、映画評論家で、その頃は校長をされていた佐藤忠男さんだけは褒《ほ》めてくれた。それはうれしかったですね。

——この卒業制作のドキュメンタリーを見ていると、今井さんは初めからいろいろな「ふるさと」を映像化したかったのではないかと思えてきます。今井さんがこだわり続けている東白川村もまたそのような対象です。故郷で暮らし続ける人、外に飛び出て故郷を見つめる人、一度は出たけれどまた戻っていく人、そうした境遇の違いが故郷観をも変えている。どこかに共通の故郷観があるのか、あるいはすれ違ったままでいくのか、いろいろなテーマを取りつつもそうした問いかけがなされている気がします。米子さんにとっての青ヶ島は、愛憎入り交じった「ふるさと」ですものね。

今井　卒業制作の後も米子さんには定期的に電話し、近況を連絡し合っていました。ところが米子さんは馬草の粉砕機《ふんさいき》で指に大ケガを負い、仕事をするのに支障を来すようになった。それで、東京の八王子に住む三女に引き取られたんです。

それから数年して米子さんは亡くなったのですが、お葬式にも顔を出しました。米子さんの三女とそのパートナー、僕らは卒業制作のグループ3人、この5人で火葬場まで行き、遺体を荼毘《だび》に付して、このとき、やっと僕らの中のドキュメンタリーを作り終えた気になったんです。その意味では米子さんは僕に多くのことを教えてくださり、僕のドキュメンタリー観を作り上げてくれたともいえるでしょう。

いや、もうひとつ、付け加えておかなくてはならないことがあります。

卒業制作を始める前に、僕は宮本常一さんの本に出てきた姫田忠義さんに会いに行っているのです。青ヶ島に出発する少し前だったと思います。そのとき、姫田さんとはいろいろな話をしましたし、自著『ほんとうの自分を求めて』（ちくま少年図書館、1977年）も貸してもらいました。このご本では、冒頭に姫田さんが青ヶ島を旅して歩いた話も出てきます。それもあって僕に渡してくれたのかもしれません。絶版本だったので、「読んだら返してほしい」と言われましたけど（笑）。

姫田さんは僕にこう言いました。「これからも、ずっと付き合うつもりで話を聞かせてもらうんだ」と。その言葉もまた、僕が米子さんたちと向き合う姿勢を決めてくれました。

このすぐ後に姫田さんは僕の師匠《ししょう》となり、すぐそばでその仕事ぶり、取材する姿を見せてもらうことになりました。それは僕にとっての貴重な財産です。

ドキュメンタリーの世界に触れる

名古屋の大学を
中途退学し、
二十歳を過ぎて入学した
日本映画学校。
その最初の授業の
「人間研究」で、
仲間と僕の祖父母を
取材することに。
祖父母の語る
戦争体験を通じて、
今まで全く知らなかった
一人の人間としての
祖父母に出会う。
都会にばかり目が向いて
いたことに気付かされ、
初めて自分の足元を
見つめ直すきっかけと
なった。

映画学校の卒業制作

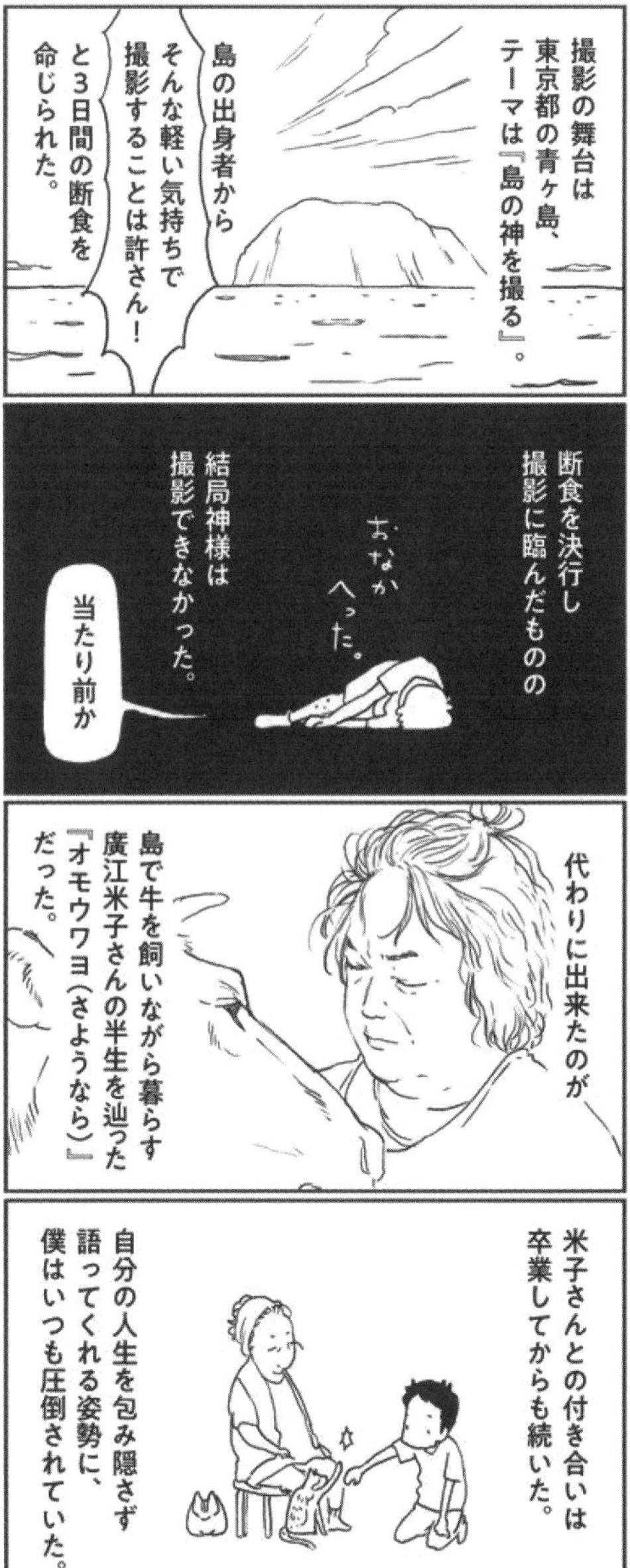
撮影の舞台は
東京都の青ヶ島、
テーマは『島の神を撮る』。
島の出身者から
そんな軽い気持ちで
撮影することは許さん！
と3日間の断食を
命じられた。
断食を決行し
撮影に臨んだものの
おなかへった。
結局神様は
撮影できなかった。
当たり前か
代わりに出来たのが
島で牛を飼いながら暮らす
廣江米子さんの半生を辿った
『オモウワヨ（さようなら）』
だった。
米子さんとの付き合いは
卒業してからも続いた。
自分の人生を包み隠さず
語ってくれる姿勢に、
僕はいつも圧倒されていた。

姫田さんのめい言① ─海の子、山の子─

姫田さんに初めて会ったときのこと。
民族文化映像研究所に電話してみると、
ドキドキ
いつでも遊びにおいで
とお誘いを受けた。
恐る恐る訪ねると、事務所の書斎に姫田さんがいた。
僕に席を勧めながら姫田さんは一言、
君の話を聞かせてくれ
僕は何を話したか覚えていない。
じーっと耳を傾ける姫田さんからの圧がすごかった。
姫田さんから言われたのは
あんたは山の子じゃな わしは海の子じゃよ
だった。
いったい、どういうこと!?

第4章
ツチノコがいなくなる日

ツチノコ文化の伝承を

2019年7月16日

京都市北区雲ケ畑《くもがはた》賀茂川支流。山本素石のツチノコ遭遇場所取材（『逃げろツチノコ』）。その著書に描出《びょうしゅつ》される素石とツチノコとの遭遇場所を見ておきたかった。ノータリンクラブの石原清さん、釣り雑誌を出されているウォルトン舎の北原一平さんとともに、場所の特定、そして周辺の撮影を行おうと考えたのだ。

探索には、賀茂川漁協の澤健次さんが同行してくださった。素石の本を頼りに澤さんは場所を特定してくれた。

2019年7月17日

京都、国際日本文化研究センターにて『故郷の喪失と再生』(青弓社、2000年)の著書のある安井眞奈美さんへのインタビュー。

私自身の関心の拠《よ》り所《どころ》である「故郷(ふるさと)」について、その変遷について話をうかがう。安井さんのフィールドは能登であり、そこでの村おこし、また全国各地に1億円がもたらされた「ふるさと創生事業」の背景や評価についてお聞きしたかったのだ。とくに東白川村のツチノコを活用した取り組みについて、どのように思われるか知りたかった。

過疎対策として、村おこし町おこしが叫ばれてずいぶんと時間が経つ。そこで実際に「起こされた(活性化された)」村や町がいくつもあったのは確かなのだろうが、一方では声高な掛け声だけに終わってしまった地域も数多くある。1億円を使って箱物と呼ばれる公共施設を作ったり、温泉を掘ったり、あるいは特産品を宣伝したり、イベントを仕掛けたり、いろいろである。「起こし」がうまく進んでいる地域とそうでない地域との違いは何なのか。そのことも知りたかった。

安井さんからは、これからの「故郷」観は大きく変わっていかねばならないとの指摘を受けた。これまでのような、外部から人を呼んでお金を落としてもらう、そうした発想は変えていかねばならないというのだ。

「夜泣峠」を越えて、賀茂川の源流に至る林道。
この辺りで素石はツチノコに遭遇したと思われるが、
そうしたことを知る人も今はほとんどいなくなった

住んでいる者、そこで暮らす者にとっての「故郷」を見直し、そして大事にしていく。住人が住人のため、自分たちが自分たちのために「故郷」というバックボーンを形成していくということになるのだろうか。つまり、地元の人間も出ていった人間も「私にとっての故郷とは何なのか」と問い続けていき、それぞれの故郷観を大切にしていくことになるのだろうか。

しかし、こんな風にも思えるのだ。

東白川村に住む者たちは「ここには何もない」と感じている。ただ山や川があり、茶畑が広がり、多くの家庭が土木や建築の仕事を生業としている。見るべきものなどないし、触れるべきものもない。周囲の自然に対しては何の感動も覚えない。だから、車で通りかかっても、そのまま通り過ぎていくだけの集落でしかない、と思っている。

「故郷」とは、そこから外に出た人が意識するのではないか。住む人たちが意識しないのは当然のことである。

室生犀星《むろうさいせい》の「小景異情《しょうけいいじょう》」という詩があり、いわゆる《ふるさとは遠きにありて思ふもの／そして悲しくうたふもの》で知られている。故郷というのは遠くにいて思うものであり、悲しく歌うものである、室生はそういう。この部分だけを覚えていたから、都市に移り住んでいる者たちが遠い田舎を思い出して、どこか一抹《いちまつ》の寂しさ、懐かしさを感じてしまう、そんな情景をイメージしていた。

このツチノコ映画を作っていく中で、実は初めてこの詩の後段を読んだのである。ちなみに、この詩は室生が二十歳ぐらいのときに作ったものだ。

《そして悲しくうたふもの》の後、こう続く。《よしや／うらぶれて異土の乞食（かたゐ）となるとても／帰るところにあるまじや／ひとり都のゆふぐれに／ふるさとおもひ涙ぐむ／そのこころもて／遠きみやこにかへらばや／遠きみやこにかへらばや》

もともと私の解釈は、作者は都会にいて、遠い故郷について思いを馳《は》せる詩というものだった。萩原朔太郎《はぎわらさくたろう》などはそのように受け取っていたようだ。

ただ、それは違うというのが、今では定説になっている。視点の置き場所は故郷にあって、そこで故郷について詠《うた》っているというのである。

そうなると、内容は大きく変わってくる。つまり、もともとの解釈が「ふるさとというのは遠くにいて想うものである。いつかは、また帰りたい」というものから「ふるさとというのは、遠い土地に住んで、そこで仮に乞食《こじき》になろうとも（こんな故郷などは）帰る場所ではない」というわけだ。《都》と《みやこ》が書き分けられているのか、《そのこころもて》の意味がどうなるのかで、まだ保留すべきところはあるようだが。

ただ、室生の年譜《ねんぷ》を読むと、私生児として生まれ育ち、早くから仕事に就くことを余儀なくされるなど、室生にとっての「故郷」とは気が休まるだけの土地ではなかった。本当に、遠い地から思い出すと良いことばかりだが、実際に帰郷すると途端に嫌気がさす、そんな土地のようである。
室生ほどの暗い生活史を持たなくても、やはり故郷を離れた者にとっての故郷観は、似たような感情を抱く場所なのではないだろうか。

2019年11月23日

京都市雲ケ畑。この地で林業に従事する安井昭夫さんのインタビュー。
安井さんは山本素石がツチノコを目撃した土地で、他のさまざまな不可思議な現象について調べていた。妖怪譚、ヘビにまつわる怪談、地元の古老たちから聞き取ったものも含めて、いろいろと教えてもらった。
また、素石のツチノコ目撃に関する書籍での記述は、内容的にあやふやで、多少信憑性に欠けるのではないかという指摘も受けた。

――同日――

同じ京都市雲ケ畑。安井さんを紹介してくださった塚本直治さんの父、譲二さんのインタビュー。譲二さんは炭焼きをしている。

ツチノコについては、自身の祖母から話を聞いたことがあるという。裏手の家がツチノコ目撃のため、家が絶えたという内容だ。明治時代の話だといわれていたので、確かめようもなかったという。

なお、地元の炭焼きでは炭窯《すみがま》を土で固めて作る際、強く叩いて固めていく。その叩くためのコテのような道具をツチノコと呼ぶのだが、柄《え》の部分が小さくて胴体が太い円柱状、まさにツチノコなのである。これが語源と考えるべきだろうか。

ツチノコならぬコロナ騒動

2019年11月30日

新潟県糸魚川市《いといがわし》。糸魚川つちのこ探検隊のインタビュー。

2005年（平成17）から毎年、ツチノコ捜索を行っている。ここは民間の有志によって運営され、精力的かつ地道な活動は、ある意味では山本素石らの目指していた本来の「ツチノコ捜索」を体現しているグループなのかもしれない。

ここでは隊長の丸山隆志さん、事務局の清水文男さん、それに旅館経営の齋藤武司さんの話を聞く。みなさん、スタートからの参加だ。

そもそもは05年、糸魚川市能生《のう》地区の自治会の集まりでのことだった。現在は副隊長を務める戸田敬吾さんがこんな体験談をしてくれた。山菜とりのために山に入ったところ、ツチノコらしき生き物を目撃したというのだ。それまでにも先輩から「ヤマカガシのお化け」のようなものがいるので気をつけろ、とは言われていた。まさに、それかと思った。

大きさは一升瓶ほど、短い尻尾、ただ頭は見えなかった。土色をしていて、何とも気持ちが悪い。戸田さんは目撃しただけでなく、棒で突いてもみた。動かない。ふっと目をそらした隙《すき》に、そいつは移動して、いなくなったという。

戸田さんは、後日もう一度、同じような生き物を目撃している。

この会合に参加していたのが、丸山さんである。奈良県下北山村で行ったツチノコ捜索のことを聞き知っていた。それで、「もしかしたら」と思い、資料を集めて戸田さんに確認してもらったところ、「これだよ!」と。

そうか、ツチノコか。早速、丸山さんは戸田さんを含めた7人を集めて探検隊を結成。7月に最初の捜索を行った。能生川の上流部で、戸田さんが目撃した地域を中心に調査捜索したのである。しかし、まったく手ごたえのない状態で、とても7人では無理だということになった。すぐさま2ヶ月後に2倍の14名の隊を組み、捜索を行った。ここでも見つからない。

糸魚川の場合、こうした本当にツチノコを見つけたいという人たちの捜索があり、その後、翌2006年(平成18)から探検隊の募集が始まったのである。そうした点が、他の地域と異なるところかもしれない。

第1回目の「つちのこ探検隊」の公募が行われ、参加希望者は50人を超えた。さらに地元の企業6社に声をかけて協力を仰《あお》いで、発見時の懸賞金1億円という資金もつくることに成功した。これがメディアに取り上げられ、賑やかな探索となったのである。

ここから第2回、第3回と回を重ねていくのだが、テーマソングが作られたり、オリジナルTシャツ、ヘルメット、キーホルダー、コースターとグッズも各種製作された。

参加者は100人を超えるようになり、また、第3回目の直前には地元の女性がツチノコらしき生き物を目撃したという情報も入って、さらに盛り上がりをみせる。

14回目までできたところでコロナ禍が襲ってきた。その災禍《さいか》をくぐり抜け、また再開を果たしている。

糸魚川でも、活動を行っている側は熱心であり、全国的に「糸魚川でのツチノコ捜索」は知られつつあるのだが、やはり地元での冷たい視線にさらされることもある。必ずしも住民からの支援が一様に得られるわけではないのは、どの地域でも一緒である。

そうした中で続けられるのには、いろいろな理由があるのだが、ひとつには強いリーダーシップの存在があるのだろう。ここ糸魚川でも丸山隆志隊長の熱意に引っ張られるようにして毎年開催できたと話す人も多い。もちろん、そのことと1人の個性に依存する脆《もろ》さとは表裏一体《ひょうりいったい》であるのだが。

2020年5月30日

東白川村。

1月に起きた新型コロナ騒動は、これ以降、長期間にわたって世界中に暗雲を漂わせることになった。当然、映画撮影やツチノコイベントにとっても大打撃となる。東白川村でのツチノコ捜索イベントは中止、各地のイベントも軒並み取り止めとなった。

私の作っているドキュメンタリー映画などは、とくにインタビューが中心であるから、「人との接触」なしでは済まされない。工夫次第で流行りの「3密」は避けられるかもしれないが、対面での会話ややり取りは必要不可欠である。そのため、できるだけ接触の少ないシーンを求めて、村内風景の撮影などを行った。

この日は、私の長男（当時5歳）と私の父親との釣りをしている風景も撮影する。これは映画のラストシーンとして使うことに。

2020年6月6日

東白川村。

この日も、コロナ禍のため「人との接触」を避けて村内撮影。

元村長である桂川眞郷さんが畑作業をするというので、畑地で汗を流す場面を撮影。

2020年8月9日

東白川村。

コロナ禍、インタビュー場面などは避けるため、この日も村内の風景撮影。

カモシカを撮影する。

コロナ禍が収まってくるまで、取材などは休むこととし、資料整理などを行うことに。

実質的な撮影再開は、翌年の春のこととなる。

これまでは「ツチノコのいる里」や「目撃者」、それらツチノコを活用した村おこし町おこしを見て回った。

ここからは、一度、「ツチノコって本当にいるの?」ということに立ち返り、ヘビの研究家などを訪ねてみようと思うのだ。

なお、20年は別の撮影のため高知県に入っていた。車で山の斜面を通る道路を走っていたとき、山の上の方から転がり落ちる物体を見つけた。よく見ると、ヘビらしき生き物だ。そのヘビがイタチにからみついて、そのまま落ちてきたようだった。

きっと時間にしてみれば数秒の出来事で、先を急いでいた私はそのまま車で走り去ってしまった。少し走ってから、「撮影しておけばよかった」と後悔したのだが、後の祭りである。

ヘビは、ああやって小動物を呑み込んでしまうのかもしれなかった。

「ツチノコ＝ヤマカガシ」説は本当か？

2021年6月9日

前回の撮影からはかなり時間が空いてしまった。世界を覆うコロナ禍、それだけ長引いているということなのかもしれない。

群馬県太田市。日本蛇族《へびぞく》学術研究所（ジャパン・スネークセンター）取材。

私の長男と私の父親が釣りをしている場面。釣れたのはウグイか。
映画のラストに使用した

日本各地で「ツチノコ発見！」となった場合、まずはここ日本蛇族学術研究所で鑑定されるのが普通である。

それで、これ以降、日本蛇族学術研究所の研究員の方々には「ツチノコは新種のヘビなのか否か」も含めて、ヘビについて尋ねて回った。

この日は、研究員である堺淳さんに、ツチノコについて最も多く言われている「ツチノコ＝ヤマカガシ」説についてインタビューさせてもらった。

ヤマカガシというのは、本州、四国、九州に生息する毒蛇で、日本にいる毒蛇はこのヤマカガシとマムシ、ハブである。体長は60〜120センチメートルほど。褐色《かっしょく》か暗褐色で、体の前方に黄褐色のベルトのような紋様《もんよう》があってそこに赤い模様がある。

あまり自然やヘビに詳しい人でなければ、なじみのない名前だろう。ただ、山歩きをしたり、自然の中で暮らす人たちにはなじみのあるヘビなのだ。また、ヤマカガシは俳句における夏の季語でもある（「蛇」全体が夏の季語）。漢字では「山棟蛇」で「棟」は「センダン」であり、初夏に薄紫の花が咲く。その様を彷彿させる紋様だからか。

三橋敏雄という俳人に、こういう句がある。

やまかがし褻《やつ》れて赤き峠越ゆ

漢字の「楝」の意味からすると、「赤き」は「峠」にかかるよりは「やまかがし」にかかっていると見た方が情景がすんなりと入ってくるだろう。

三橋は西東三鬼《さいとうさんき》にも師事した人で、主に昭和後期から平成にかけて句を作ったようだ。つまり、句としてつくられるほどにポピュラーであったともいえる。しかし、句を読むかぎりでは、やまかがしが毒蛇だということに気づいていたのかどうか。

私も、この日本蛇族学術研究所で講義を受けて、初めてヤマカガシについて知った。

ヤマカガシの毒性はかなり強い。上顎《うわあご》の奥の方に2ミリメートルほどの小さな毒の牙《きば》があって、咬《か》まれてもあまり痛くはない。ただ、5〜10時間ほど経つと傷口だけでなく鼻血などの出血が起こり、死亡例も少なくない。治療にはヤマカガシの毒に対する抗毒素血清《こうどくそけっせい》が必要となる。

なお、ヤマカガシは首の後ろのあたりにも毒腺《どくせん》があって、身体を棒で叩くなどしたらその毒腺から刺激の強い液体をぴゅっと飛び出させる。これもまた強い毒性があり、目に入るなどしたら痛みや腫《は》れを引き起こすので要注意なのだ。

もしも咬まれたら、すぐに血清を打たなくてはならない。その血清は、ここ日本蛇族学術研究所で作っている。ただ、血清はヤマカガシを殺さないと採取できない。そのため大量のヤマカガシが必要とされるのだが、数百匹という単位ではなかなか手に入らなくなっている。以前は1年で集められたものが今では3、4年かかってしまう。さらには、ヤマカガシが好物にするヒキガエルもまた少なくなっている。本体も餌も減ってくると、血清もあまり作れなくなる。そのことを憂いているのだ。

ヤマカガシに咬まれるなんて、今どき珍しいでしょ？　などと思っていると大間違いなのだ。たとえば、新聞のバックナンバーを検索しただけで、毒蛇＝ヤマカガシに咬まれて重態という記事をいくつも見かけた。

7年前には兵庫県伊丹市で小学5年の男子が咬まれ重態。出血と頭痛を訴えている。このときのヘビは60センチメートルほどだった。

2022年（令和4）9月には、同じ兵庫県宍粟市で17歳の男子がヤマカガシに咬まれて重態。血清はバイク便で届けられ、これで一命を取りとめる。この子は退院して後に通院した際、研究のための血液提供を求められ、快諾《かいだく》している。データそのものが少ないため、いろいろな患者の血液があった方がいいということだ。

ヤマカガシ、見た目は普通のヘビより少し長いものの、ただのヘビである。他のヘビ同様にカエルなどを捕まえては食べている。

さて、堺さんは「ツチノコ＝カエルを呑み込んだ大型のヤマカガシ」説を主張する。

「あまり力説すると、多くの人たちの夢をこわすことになってしまうので」と言いながらも、「ヘビはジャンプしないものです。ただ、逃げたり威嚇《いかく》する際に体の前方を振る。それは迫力ありますよ」というのもまたヤマカガシ説を推す理由でもあった。

うーん、確かに、大型のヤマカガシがヒキガエルを呑み込んだ図は、多くの人の目撃したツチノコに似ていなくもない。

ヤマカガシはヒキガエルが好物だと聞き、取材に同行させた息子とヒキガエル捕りにいくことを約束。

2021年8月1日

山梨県道志村《どうしむら》へ、息子を連れてヒキガエル探しに向かう。水辺にいるということで、滝の近くへ行ってみたのだ。私は捕れなかったが息子は1匹捕獲に成功。

餌を与えて飼育するものの、あまり食べてくれず、痩《や》せていく。逃がすことに。

2021年9月21日

群馬県太田市の日本蛇族学術研究所。

ヤマカガシがヒキガエルを捕食《ほしょく》するシーンを堺さんの手引きで撮影。

この日の午後、野生のヤマカガシを捕獲するため研究所近くの田畑を捜索しにいく。随《ずい》行《こう》してくださったのは、研究員の高木優さん。

専門家が「ヤマカガシ」説を主張するなら大きな判断材料になると思っていたが、ここの研究員でもまた違う意見の人もいるようだった。

高木さんが堺さんとは違う見解を提示してくださった。それについては後日改めてインタビューすることに。なお、ヤマカガシ捜索は、結局見つからずに終わったが、ヤマカガシより小型のヒバカリを見つける。これは無毒のヘビだ。

UMA（ユーマ）の生みの親に聞く

2021年9月8日

東京都町田市。動物学者の實吉達郎《さねよしたつお》さんのインタビュー。

民俗学者の伊藤龍平さんの指摘にもあったのだが、ツチノコなど「いそうだけど、いない?」という生き物は1970年代までリアリティを保っていられた。まさに「いそうである」という感触だけで十分だった。しかし、80年代に入ると、「UMA（ユーマ＝未確認動物）」という言葉ができ、分類された側、つまり実在する動物が主であり、それ以外の得体の知れない生き物はこの「未確認」に分類されることになる。

常に私たちが持つ、訳の分からない物を許しておけないという心性にも由来するのだろうか。

ただ、こうも思える。本来、私たちの周りにあるのは訳の分からない「生き物」であったり「現象」ばかりのはずなのだ。私たちが認識できている物事など世界のほんの一端でしかない。そもそも、私たち人間の心の持ち様、感情だって訳が分からないことだらけである。現代はそれらにもまた、さまざまなレッテルが貼られていくことになる。


動物学者の實吉さんは、この「UMA」という言葉の生みの親である。今、年齢は90歳を優に超えているのに、実に元気だ。

「UMA」は「Unidentified Misterious Animal」の頭文字をとったものだ。

そこには河童やネッシーなども含まれる。とにかく、存在の確認がとれていない生き物はすべてここに分類されてしまうということだ。謎の飛行物体がすべて「UFO」とされてしまうように。

便利な言葉である。ここに突っ込んでしまえば、何となく分かった気になれるのだ。

ネッシーって何だか分からない、それならUMAにしておけばいい、と。

實吉さんに尋ねると、かつてツチノコというのはUMAの中でも目立たない存在であったという。いわゆる大物ではなかったのだ。實吉さんは「小さい、ミミズみたいなもの」と表現した。

ただ、そのような小さな、ささやかな、実に奥ゆかしい「UMA」であるツチノコが私たち日本人の琴線《きんせん》に触れ、ブームを引き起こすのである。そのことの不思議を感じずにはいられない。

2021年9月9日

群馬県太田市の日本蛇族学術研究所。研究員の高木優さんのインタビュー。先日、一緒にヤマカガシなどを探しに行ってもらい、その際にいろいろと話していたところ、堺さんとはまた違った意見もあり、その点について聞く予定である。

高木さんは「ツチノコ＝ヤマカガシ」説には否定的であった。というのも、ヒキガエルを呑み込んだヤマカガシというのは、高木さんがイメージするツチノコとは似て非なるものだという。ヤマカガシの長い胴体ではツチノコのビール瓶状の「槌《つち》の子《こ》」にはならない。それよりも、もっと太短のマムシの方がツチノコに近いのではないかという。

これもまた「なるほど」と思わされるのだから、どちらも決定打とはならないのだ。結論はまた先延ばしとなる。

ふっと思うのは、ヤマカガシにしろマムシにしろ、彼らがヒキガエルやカエル、ネズミなどを呑み込む場面に出会う確率というのはどれぐらいなのだろう。山歩きをどれぐらいの頻度《ひんど》で行うかにもよるが、もしかすると一生に一度ぐらいの確率なのだろうか。いや、私が高知でヘビとイタチの格闘を目撃したぐらいだから、もっと多いのかもしれない。それが数多く集まれば相当な目撃談となる。そう考えるべきなのか。

――同日――

この日の午後、野生のヤマカガシ捕獲の取材。高木さんの案内でヤマカガシを捕まえにいく。アオダイショウ、シマヘビ、マムシなどは捕まえられたのだが、なかなかヤマカガシは出てこない。しかし最後に発見して捕獲に成功した。

2021年10月18日

東京都中野区。著述業の山口直樹さん、『幻のツチノコを捕獲せよ!!』(並木伸一郎監修、ムー・スーパー・ミステリー・ブックス、1989年)の著書がある。

山口さんはいくつかのツチノコ捜索イベントへの参加経験があり、東白川村へも来たことがある。全国的に懸賞金がかけられ、ツチノコブームが起きた現象、そしてそれが鎮まっていく過程について分析してもらう。とくにオウム真理教の事件以降、超自然的なものが否定されていく。目を背けていく。その結果、関心を持ってはいけないという風潮ができあがったというのだ。

それまで、ツチノコは大人たちも子どもとともに真剣に探す存在だった。「いるかもしれない」という時代。いないかもしれないけれど、いたかもしれない、そんな風景が目の前にあった。

もちろん、長いこと「見つからない」「見つからない」となって、その結果「あれっ」と思うようになったせいもある。やっぱりいないのか、そう思うと一気に興味が薄れていくのだ。

山口さんと話しているうちに、ツチノコという存在の不可思議さが、さらにくっきりと浮かび上がってきたような気がする。

記憶を旅する 4

聞き手・山村基毅

修業のつもりで師匠と

――改めてお聞きしますが、卒業制作の撮影に入る少し前に姫田忠義さんと出会う。これは誰かの紹介とかがあったわけではない？

今井友樹（以下、今井）　僕が直接連絡して、いきなり訪ねていったんです。宮本常一さんの本に姫田さんや民映研（民族映像文化研究所）のことが出てくる。民俗的な内容の映像をやっている人、それならぜひとも会ってみたい、と。事務所を調べたら、当時、僕の住んでいたところと近かったので電話をして押しかけました（笑）。若さゆえの情熱ですよね。

――初対面の印象は？

今井　年齢的には僕の祖父母と同世代ですけど、風体《ふうてい》も印象もまったく違っていました。白髪の長髪で、ごっつい感じ。すぐ書斎《しょさい》に呼ばれた。そして「君が何者かを教えてくれ」と言われたんです。つまり、まず僕がどのような人間であるか、そのことを僕自身の言葉で語って聞かせてくれ、そういうことだったのでしょう。

一生懸命に喋ったけど、何を話したのかはよく覚えていません。ただただ、僕が一方的に話していて、姫田さんはじっと僕の顔を見ていましたね。家のこと、父親のこと、大工にならなかったこと、映画のこと、とにかく諸々のことを必死で喋りました。たかだか22、23歳の男で、何も成し遂げていない。それでも自分の存在を確かめたい、その熱い気持ちだけで話していましたね。

父の大工修業に惹かれていたのは、ひとつはお師匠さんがほしいということだったと思うんです。自分を導いてくれる存在ですね。それは話しているうちに、自分で分かってきました。ずっとそのことが分からず、それで悶々とした気持ちを抱えていたのかもしれません。

そのうち、僕は話しながら泣き出していた。

姫田さんはずっと黙って聞いてくれて、ぽつりと「あんたは山の子じゃのう。わしは海の子じゃ」といった。この言葉に含まれている意味は……実はいまだによく分かっていないんです(笑)。言葉をそのままに受け取ればいいのか、それとも裏に隠れた意味があるのか。それから、姫田さんが宮本常一さんと出会った話をしてくれた。

その後、電話と手紙のやり取りを続けました。会ってお話をしたことも何度かあります。

いろいろな話をされましたけど、たとえば1991年に5千年前に生きていた男性のミイラが見つかった話とか。ミイラはアルプス山脈で見つかったんですけど、通称アイスマン。いったい、この男はどうやってアルプスを越えて行ったのか、どうして越えようとしたのか、いろいろと議論があったそうです。

男は動物の皮でできた靴などを履《は》いていたようなのですが、他にも炭火、燠《おき》の残り火を入れたものも持っていた。そうした道具を身につけて旅をしていたのだろうと思われるわけです。炭は旅する際の明かりでもあり暖房でもあった。そんなものをもって一人、新しい場所を求めて歩いていた。今でさえ大変なアルプス越えをそれだけの用具だけで行っていた。これって、すごいことじゃないか、と。

――そうしたやり取りがあって、民映研に勤めるようになるわけですね。

今井　僕は就職活動などしていなかった。とくに理由はなかったのですが、どこかに勤めようという気はなかったんですね。卒業する直前の12月に民映研の忘年会に僕も参加した。ちょうど辞めた方がいて、人を探していたそうなんです。それで事務局の方から声をかけられました。「勤める気はあるか」と言われたわけです。

僕としては民映研なら勤める気があったのですが、それから何も連絡がなく、翌年の2月ぐらいになって、改めて事務局から電話があって「履歴書《りれきしょ》持ってきてくれ」と。

――正式に勤めることになるのですね。

今井　いわゆる正社員扱いです。厚生年金とかがつく（笑）。当時は、姫田さんがいて、事務局の方がいて、あとカメラマンの澤幡正範さんがいたのかな。それに僕、というのが常駐していた顔触れです。

勤め始めるとき、姫田さんから「今日から仕事をするな」と言われました。毎日の仕事をこなそうとするのではなく、身の回りで起きたことを見聞きして、先輩たちの話を聞いて、全部吸収してほしいと言われました。僕は、大工の修業のようなつもりでいたので、望むところだった。仕事だと思わず映画作りに関わるのは、それ以来、身についてしまいましたね（笑）。

――民映研では、生活できるだけの給与はもらっていた？

今井　手取りで17万円ぐらい。ボーナスはなし。その頃の僕なら十分に食べていけました。民映研とも近い安いアパートだったし、ほとんど民映研との往復だけの暮らしだったから。

――どんな日課だったのですか？

今井　いわゆる姫田さんの鞄持《かばんも》ちです。まず、朝9時に姫田さんに電話してその日の都合をお聞きして、お宅に僕の車でうかがいます。姫田さんの生活リズムに合わせる。なぜか分からないけれど、僕は「元気君」と呼ばれていた。元気に「おはようございます！」

とか言っていたからかも（笑）。たまに僕が朝寝過ごしてしまうと、向こうから電話があるんです。

午前中は、姫田さんもなかなかエンジンがかからないので、僕を相手にいろいろと雑談をされる。そのうちお昼になっちゃうんです。それで僕がお弁当を買いに行って、それを食べてからまた話をされる。姫田さんはそうやって頭の中を整理していたようですね。

一段落つくと、おもむろに仕事場へと向かわれる。僕は「これをテキストにしてくれ」とか「手書きの台本を打ち直してくれ」とか言われたことをやったり、データ化されていない資料が山のようにあったのでその整理とか。あっという間に時間が過ぎていって、夕方6時になると、また車で姫田さんのお宅まで送っていく。次男の蘭さんが近くに住んでいて、彼が来たときは連れて帰られていました。

上映会とかがあって姫田さんが呼ばれたりすると、一緒に付いていく。落語家のお弟子さんの生活って、こんな感じじゃないかと思いましたね（笑）。

――確かに、それではお金は使わない（笑）。

今井　姫田さんもお金は使わないから。ただ、これは後から息子さんに聞いたのですが、結構な額の現金を鞄に入れて持ち歩いていたそうです。

後から知って、驚きましたね。僕はまったく知らずに鞄を預かっては持って歩いていたんですよ。
姫田さんはほんとうに物を大事にする人で、靴も履きつぶしていた。あるとき取材先で、車から降りた途端に履いていた靴の底がボロボロと落ちてきた。すぐに会わないとならない人がいたので、僕に「靴を貸してくれ」と。僕の靴を履いて人に会ってました（笑）。その時期、本当に姫田さんは土曜、日曜と関係なく仕事していましたからね。

――姫田さんとの雑談では、どんな話をされていたのですか？

今井　ロケも少なくなっていたので、昔の撮影、取材のことなど思い出しながら話してくれました。それはとても楽しかった。あと、次回作の話はよくしていました。あれが撮りたい、これが撮りたい、と。
それと、「20代の頃に突き詰めて考えることが大事、真正面から向き合いなさい」としばしば言われました。この人の弟子でい続けたいと思い、まったく反発しなかった。いずれ自分で映画を作って姫田さんに認められたい、それも強く思いましたね。

――映画学校の同級生とか付き合いは続いていたのですか？

今井　一緒に卒業制作を撮った連中とは付き合っていましたが、映画学校の人たちは民映研の映画はあまり興味持っていなかったと思いますね。

――それは、どうして？

今井　姫田さん自身、宮本常一さんの弟子ですから、映画を撮るのも民俗学的な関心がまず先にあるんです。ですから、ドキュメンタリー映画というより記録映画、文化映画という見方をされることが多かった。

このあたりジャンル分けというのは曖昧《あいまい》なのですが、エンターテインメント性はあまり求められていないし、ニュースに上ってくる題材を取り扱う時事的な内容でもない。あくまで民俗文化を記録に残すということに重心がかかっていたと思います。だから、ドキュメンタリー映画をやっている人には民映研の映画は別ジャンルと思われていたんじゃないのかなあ。

僕はいまだに企画を考えるときは、そうした記録映画としての内容を重視する。姫田さんならどう撮るかなと考えていますね。

――ロケなどにも随行するようになっている？

今井　撮影助手のような立場で行くようになりましたね。あと、姫田さんが行かれなくても、元民映研のベテランスタッフがいますから、そうした人たちのアシスタントとして行くこともありました。まさに修業です。

祖父の少年の頃の記憶をもとに

――ここから、デビュー作の『鳥の道を越えて』を踏まえてお聞きします。まず、きっかけになった鳥屋《とや》の話を知ったところから。

今井　小さい頃から祖父に「鳥の道」のことは聞いていたんです。季節によって、空が真っ黒になるほどの鳥の群れが飛んできた。山の方を指さして教えてくれるんだけど、もちろん僕にその「鳥の道」は見えません。そうした記憶があって、映画学校の最初の「人間研究」でも聞いた。もう少し詳しく聞いたけど、このときは満州の話がメインになっていたので、それ以上は尋ねませんでした。

そのうち姫田さんのお手伝いで民映研としては最後の作品となった『粥川風土記《かいがわふどき》』（2005年）のために岐阜県郡上市美並町《ぐじょうしみなみちょう》に1年間通うことになります。このとき、姫田さんのフィールドワークをじっくりと見させてもらって、一見、何もないように思える田舎でもたくさん取材すべきことがあると分かったんです。自分の東白川村でも、同じじゃないか、と。

こうした経緯で、再び祖父の語る「鳥の道」を追ってみようという気になりました。『粥川風土記』を撮っていた2004年（平成16）頃というのは、ちょうど高画質で小型化されたカメラが発売された時期でもあるんです。25万円ほどですが、僕も何とかお金を工面して購入しました。それを手に、まずは祖父を撮ってみようと思ったんです。

――まさに映画のタイトル明けのシーンになるわけですね。山を見ながら、今井さんがおじいさんに「鳥の道」の存在について尋ねていく。詳しくは、この映画を観ていただきたいのですが、内容を簡単に説明しておきます。

今井さんのおじいさんの話に出てくる「鳥の道」では、かつてカスミ網猟《あみりょう》が行われていた。要は、鳥の大群を網で生け捕りにする、まさに一網打尽《いちもうだじん》にする。その鳥は食糧になり、蛋白源《たんぱくげん》でもあった。鳥を捕まえるための網を張っておくところを鳥屋と呼び、そのあたり一帯を鳥屋場《とやば》といっていた。

しかし、1947年（昭和22）にカスミ網猟は法律で禁止される。今のような生態系意識とか動物保護の観点はなかった時代であり、どうして禁止になったのか当事者たちには納得がいかなかった。

今井さんとしては、消えつつあるカスミ網猟の記憶を記録として留めるためにこの映画を撮り始める。今は禁止されているものであっても、ある時代までは確実にそこに住む人々にとっての生業の手段、民俗であったから。

今井　うちの、すぐ裏山でもカスミ網猟は行われていた。鳥屋があったわけです。そんなことを僕らは何も知らずに育ってきた。

時代としては、祖父母が満州に行くまでですね。祖父は14歳ぐらいまで山で炭焼きもしていた。その頃に目で見た風景が鮮明に記憶されているんです。山を指さしながら、あの集落のそばに竹やぶがあって水が引いてあって、近くに松の木があって、と詳しく話してくれた。

僕に見えているのは戦後になって植林された木々だけです。同じ風景なのに見えているものがまったく異なる。これでは意思の疎通《そつう》ができない。それじゃ、「鳥の道」が見えている人たちの話を聞いていこう。この映画はそこから始まっているんです。

民映研の仕事をしながら、暇を見つけては東白川村に帰って撮影していました。『粥川風土記』以降、映画制作はしていなかった民映研ですが、僕としては民映研の作品として作りたかったんですよ。お金の算段《さんだん》だけできれば何とか作れるのではないかと思っていました。とにかく、それまでは自分で取材を続けていこう、と。


――頻繁に帰ってくるようになって、両親などは喜んだのではないですか?

今井　「帰ってきて何をしてるんだ」と怪訝《けげん》な顔をしていました（笑）。それでカスミ網猟のことを撮っているというと、父親は「それはやめとけ」と。「そんなことは口にするもんじゃない」というんです。東白川村など東濃《とうのう》地域は密猟《みつりょう》のメッカだったんですね。とにかく密猟が絶えなくて、何度となく捕まる人たちがいた。だから、そんな話はテーマにするな、と。

一方で、祖父母やその世代の人たちに話を聞くと、鳥屋のことになると途端に笑顔になる。あのときに捕れた鳥はおいしかった。死ぬまでにもう一度食べたい。11月には空が真っ黒になるぐらいの鳥が飛んできた。あの風景を見てみたい。そんな思い出話をしてくれる。

僕なんかは鳥といったらカラス、アヒル、スズメぐらいしか知らないけど、祖父母たちは20、30と平気で出てくる。その鳥の性格とか特徴、そして味まで語ってくれる。家族であっても、それぐらいの世代間の差がありました。

——禁猟《きんりょう》と密猟との狭間《はざま》で、かつて存在していたことさえ消されてしまう習俗なのでしょうか。ほとんど記録としても残っていないそうですね。

今井　宮本常一さんの本に少しだけ出ています。あと、姫田さんも30代の頃に九州の山地を歩いていたときに、川もない山中の家の庭先で網を干していた。「何ですか」と聞いても答えてくれない。後で調べると、カスミ網だった。そんな断片的な記録、記憶だけですね。現在では触れること自体が犯罪を助長することにつながるので、ひたすら覆《おお》い隠されている状態です。

――改めて故郷を題材として選ぶことで、見方は変わりましたか。

今井　鳥屋に限らず村の生活文化を記録するようにはしていきました。村の行事とか、身の回りのことを捉えてみた。民映研の作品で目にしていた沖縄の民俗行事の踊りとか、そこに映っていた人々の笑顔や日常のさりげない行動が、故郷のおじいちゃんおばあちゃんと重なって見えてきたんです。こういう映像が大事だなあ、という気持ちが強くなった。まさに『木靴の樹』ですよ。

でも、自分の映画など意識したことがなかったから、この頃はカメラ向けては闇雲《やみくも》に撮影してました。どうしたらいいか分からなかった。

それでも、少しずつ祖父母の知り合いなどに会って、禁猟以後65年ほど経っているけれど記憶を蘇らせてもらっては鳥屋の場所を地図に書き入れてもらった。みなさんの記憶力で話が埋められていったんです。

独立するきっかけとなった出来事

――取材を続けていく中で、民映研を退所します。そのあたりの経緯についてお話し願えますか。

今井　やはり「鳥の道」が原因といえば原因なのです。民映研には7年ほどお世話になって、後半の5年間「鳥の道」をこつこつと追い続けていました。姫田さんにもいろいろなサジェスションをいただいていた。

辞める直接のきっかけというのは、あるとき、姫田さんと話していて、姫田さんが「これ（「鳥の道」）は俺が撮る」と言われたことですね。え、僕がずっと追い続けているテーマなのに……そう思ってしまった。

後から分かったのですが、姫田さんが自分で撮るといってるのは、カスミ網猟というテーマは密猟や暴力団が絡《から》んでいて、今井をそんな危うい場所に行かせたくないということだったらしいのです。実際、カスミ網猟はそういうテーマでした。

もうひとつは、これは「鳥の道」とは直接関連しませんが、民映研というのはとても居心地がよかったんです。それだけに、このままだと映画を完成させられずに終わってしまうのではないかという不安がありました。独り立ちして、外の風に当たらなくてはいけないのではないか、と。それで辞めさせてほしいと話しました。

――この時期に、前の奥さんである千洋さんと出会うことになる？

今井　そうではありません。千洋が民映研の上映会などに顔を出して、それで知り合うんです。少し前になりますね。

事務所にも遊びに来るようになり、出版関係の仕事を長くしていたせいか、活字とかウェブ関連の作業などを手伝ってくれるようになりました。資料整理なども手伝ってくれていた。そうしたことをきっかけに親しくなり、僕らは付き合うようになりました。結婚するのは、僕が民映研を辞めてからですね。

僕が辞めるにあたって民映研としては代わりの人を探しておきたかったようで、その頃ちょうどフリーランスだった彼女はどうかという話になり、千洋としても願ったり叶ったりで入所することになったという経緯があります。たぶんですが、2人が付き合っているのはまだそんなに知られていなかったと思いますよ。

入所後に千洋が始めたのが、姫田さんの著書『ほんとうの自分を求めて』の復刊計画です。仲間を何人も集めて熱心に進めていましたね。『ほんとうの自分を求めて』は僕が姫田さんと初めて出会ったとき、お借りした例の本です。

――ここから映画『鳥の道を越えて』は、今井友樹監督作品としてスタートすることになり、プライベートでも千洋さんとの結婚生活が始まることになります。

民映研を辞めてからの生活はどうだったのですか?

今井　千洋の給料と、僕の失業手当とで、何とか暮らしてはいけました（笑）。失業手当が切れてからは、フリーランスとして頼まれ仕事をこなしていました。

結構、やれることがあるんですよ。カメラマンみたいなこともすれば、企画書や脚本を書いたり、演出助手もやりましたね。最低でも1日1万円ぐらいにはなる。ロケに1週間出かければ、それで7万円ですから、僕の暮らしなら十分ですよ（笑）。民映研の先輩、映画学校の友人、とにかく周りの人たちには助けてもらいました。『鳥の道を越えて』の撮影時にも手弁当で手伝ってくれたりしましたから。

千洋には、付き合っているときはあまり気づかなかったんですが、精神的に脆いというか不安定な面がありました。にこやかな顔ががらりと変貌《へんぼう》するといった場面も目にしました。ただ、僕には過信があって、生活が落ち着けば彼女も変わりうまくやっていけるだろうと思っていた。

――そんなさなか、千洋さんが亡くなられる。千洋さんは、今井さんの手伝いもされていたのですか？

今井　亡くなる前の数ヶ月はかなり調子が悪くて、ずっと寝ている状態でした。食事もほとんどしないので、ずいぶん痩《や》せてしまって。亡くなったのは、暮れのとても寒い日でした。

千洋にはやりたいことがいくつかあって、そのひとつに僕の『鳥の道を越えて』もありました。もともと彼女と一緒に作ろうとしていましたし、そのために工房ギャレットも作った。「ギャレット」というのは「屋根裏部屋」の意味で、宮本常一さんが所属していた「アチックミューゼアム」の「アチック」も同じ意味です。そこから千洋が名付けました。

東京で葬儀を行った後、東白川村に帰って、向こうでも葬式をやったんです。岐阜での葬式は神式です。神式の葬儀では亡くなった人の生い立ちが語られる。ポエムのような感じ。神主さんが事前にヒアリングしてくれました。

実は、このあたりの記憶がはっきりしていなくて、葬式に姫田さんが車椅子で来てくださったこと、お世話になっていた鈴木正義さんは御焼香《ごしょうこう》で僕と目が合った瞬間、にこっと返してくれたこと。それを見て号泣してしまった記憶があるだけです。

――千洋さんが亡くなって、かなりの期間、『鳥の道を越えて』の取材はストップしてしまいましたね。

今井　1年近く、撮影に行けませんでした。とにかく暗闇が怖かった。子どものころ夜の闇に覚えた恐怖です、まさに。それと寒くて仕方ありませんでした。暗い中で眠ることができず、僕は夜になると室中の明かりを点けて、暖房もつけっぱなしで過ごしました。でも、目を閉じれば暗闇がやってきます。

数ヶ月後には引っ越しまして、何とか元に戻ろうと努めてはみたんです。でも、なかなかね。一日ぼんやりして過ごすことが多かったです。

このときも周りに助けてもらいました。実家に滞在していたときは父親が何も言わずに寄り添ってくれたし、東京でも先輩や友人たちが声をかけてくれた。姫田さんも、時々お会いしてくださり、ご自身の死生観など話されました。みんなが僕のために支えてくれようとしている。胸にしみました。

僕をどん底の暗闇から救ってくれたのは、時折浮かんでくる「ふるさと」の記憶でした。大人になるにつれ、思い出すこともなく忘れていた無数の記憶。祖父母から聞いた昔話や、村の人たちと言葉を交わした何気ない風景など。そういった情景が暗闇の奥から光を帯びて、だんだんこちらへ近づいてくる。そうして僕の心を通り過ぎる瞬間、体が少しだけ温められる感触を覚えたのです。不思議な体験でした。

今も暗闇が怖くなることはあります。あの頃に比べると随分とましになってはいますが。

――撮影を再開してから、これで何とかやっていけると思える瞬間がありましたか。

今井　あれは北陸の方に行って海を撮影したときかな。やはり鳥を撮ろうと思ったんです。激しい波があり、潮の香りがする。頭上のほう、遠い空高く、鳥が飛んでいく。そのときに、ふっと「千洋は、あの鳥になった」、そう思えました。「あの鳥になって遠くへ、遠い彼方へ飛んでいった」と。うまく言えないのですが、そのときに何かがふっ切れた気がします。

「鳥の道」は、最初は千洋のつけた「風の道」というのが仮題だったんですよ。映画の撮影そのものに来たことはなく、常に後方から支えてくれている存在でした。彼女のためにも映画を完成させたい。映画完成までそれからさらに3年かかったわけですが、焦る気持ちはもうありませんでした。

亡くなって13年ほど経ちます。最初の頃は「忘れるはずがない」と思っていたものの、やっぱり忘れていく。記憶は薄れていくし、悲しみや寂しさも小さくなっていく。それだけ、自分の中でも彼女の死を受け容れていったのかな……。

千洋さんがしていたペンダントを、彼女の代わりとしてずっと身につけていました。ところが、ツチノコの映画が完成した直後、どこかで落としてしまったんです。忘れるというプロセスも大切なのかもしれないと、このときふっと思いました。

姫田さんのめい言②―今日から仕事をするな―

姫田さんから声をかけられ、就活もせず、
僕は民族文化映像研究所の一員となった。
民族文化映像研究所
ラッキー！
その初日。姫田さんからいきなり言われたのは、
今日から仕事をするな
だった。
仕事だからと割り切った（ような、効率ばかりいい）働き方はしないでほしい
という意味だったと思う。
周囲の視線をよそに、
……
僕と姫田さんはよくグーグルアースで、かつての取材先など日本中を旅した。
すげー記憶力

姫田さんのめい言③―いつもので―

毎朝9時に姫田さん宅に電話して迎えの時間を確認し車を出す。
おーい げんき君
あだ名
いま おきました
僕が寝坊すると、姫田さんのほうから電話をかけてくることも。
事務所に着くと、
ちょっとお茶しよう
ということになり、
そのまま姫田さんの話は大抵お昼頃まで続く。
昼、弁当を買いに行く。
いつもので
＝ソースカツ丼
姫田さんは息子さんから
体によくない！
とよく怒られていた。
夕方になると、
そろそろ帰りましょう
GIFU
こういう時間の中で、僕は姫田さんからいろんな話を聞かせてもらった。それが今の僕の映像制作の糧になっている。

デビュー作『鳥の道を越えて』は失敗作!?

民族文化映像研究所で映像制作を学びながら、ちょくちょく東白川村へ帰ってはビデオ撮影した。

何でも記録しておこう
なかでも、鳥屋《とや》の話に興味をひかれた。

鳥の道がある
？

？

どこに？

きっかけは祖父の昔話だった。

作品の完成までに8年かかった。

映画のテーマや思いはどんどん膨らむばかり。

完成の前年に姫田さんは亡くなり、完成作品を観てもらえなかった。

作品の出来上がりに納得していない僕だったが、村で開いた完成披露の試写会は満員になった。

800人超え。

第5章

終わりなき旅に幕

2021年10月26〜28日

東白川村にて。安江健二さんと古田忠さんの案内で神土地区親田取材。ここでは古くからツチノコの噂や言い伝えがあったとされている。植林地となった山中を取材、撮影。かつては数軒の家があった。

ツチノコ、ツチヘンビの存在が信じられていた時代、人間は自然のすぐそばで生活していた。いや、自然の内側で暮らしていたとも言える。自然と対峙《たいじ》するのではなく、むしろ自然の懐に抱かれるようにして生きていた。現代になり、そうした自然と暮らしとの関係は田舎であっても変化してきている。すぐそばに森や川があっても、だからといって自然の内に生きているとは言えないのだ。

村の役場の図書館で広報や冊子『白寿』などの資料を撮影する。

岐阜市にある岐阜県立図書館に所蔵されている江戸時代の文献資料『濃州徇行記《のうしゅうじゅんこうき》』の撮影。これには「野槌《のづち》」の記述がある。

再び東白川村に戻り、私の6歳になる長男と山中を探索。私が小学生時代にツチノコらしき生き物を目撃した現場を再訪してみる。登山からの帰り道、遊び回っていて、偶然に見かけた生物。ずん胴の形はヤマナメクジ風ではある。ただ、ヤマナメクジは大きくても15センチメートル程度とあるが、それよりは大きかった記憶がある。そのあたり、記憶も変容してしまうので当てにならないのだが。

その異様な生物が石の下にいた様子などを息子に語りつつ、周囲の風景などを撮影。息子も素直に聞いてくれた。

ヤマカガシ、マムシでもなければ……

2021年12月10日

兵庫県淡路市《あわじし》にある淡路ファームパークイングランドの丘にてアオジタトカゲの取材、

撮影。飼育員の後藤敦さん、インタビュー。

淡路島の南部にあるテーマパーク。もともとは農業公園として開園したが、オーストラリアの協力を得て、コアラの寄贈を受けるなどして、園内で動物との触れ合いも楽しめるようになる。

さて、アオジタトカゲだ。

一般に出回っているツチノコ画像とされているものの多くは、手足の隠れたアオジタトカゲだろうと言われている。実際に比べてみると、確かによく似ている。とくに四肢《しし》が隠れていると、ほぼツチノコではないかと思えるほどだ。

元来がオーストラリアに生息するトカゲで、大きいものは70センチメートルほどになる。胴体が太く、頭が小さく、前足後ろ足ともに短い。舌が青いためこの名がついている。1970年（昭和45）頃から日本にペット用として入ってきて、普通の家でも飼育されるようになった。そうしてペットとして飼われていたアオジタトカゲが逃げ出して、山林や田畑で生き延びていたものが目撃され、ツチノコと言われたのではないか。

これはなかなかに頷《うなづ》ける話だ。ちょうど第1次ツチノコブームと時期が合うため、現在では最も有力な説なのだ。ただ、江戸時代の文献や明治から高度経済成長前期（1960年代）の目撃談には該当しない。やはり本来のツチノコとアオジタトカゲとは無関係なのだろうか。

淡路ファームパークイングランドの丘では、子どもたちからのツチノコに関する質問もあるそうだ。アオジタトカゲだけでなく、他の動物の飼育員も来場者からの質問に答える取り組みをしているため、丁寧に受け答えしてくれる。

飼育員の後藤さんによると、瞼《まぶた》があると言われているツチノコに対して、アオジタトカゲにも瞼がある点が似ているらしい。なお、ヘビには瞼がない。背中と同様のウロコが腹側にもある点も、ヘビよりアオジタトカゲに近いという。

類似点を挙げてくださった一方で、後藤さんは「科学的に見ても（ツチノコは）いてもいい」と思っているそうだ。百年以上生きる爬虫類もいるのだから、珍しい生物がひっそりと生き続けていることも、決してないとはいえない。それはヘビの仲間かもしれないし、トカゲの仲間かもしれない。あるいは、まったく別種の生き物かも。

アオジタトカゲに似ているという説が出ることで、むしろツチノコ生存の可能性は高くなっていくようにも感じた。形態が似ているということは、そうした生き物がいたっておかしくはないだろう。

ここ淡路ファームパークイングランドの丘に来る子どもたちも、そんなわくわく感をもらっているようだった。

ふるさとは理想郷ではない

2022年10月3日

東白川村。平成の初め頃に開店した白川茶屋の取材。ここでは村の特産品などが販売されている。また、加工品や食事の提供も。ツチノコブームの頃から、ツチノコを模したお菓子なども製造販売を行っている。ここで、店舗《てんぽ》の成り立ちについて話を聞くため、今井恵美子さん、安江律子さんのインタビューを行う。安江さんが初代代表、今井さんが現代表だ。

ツチノコ騒動の渦中《かちゅう》で店を立ち上げたのだが、ツチノコに頼らずに郷土料理など「ふるさと」を商品化することも続けている。そうした経緯について話を聞いた。

2022年10月4日

東白川村にて、私の同級生である安江栄太朗さんのインタビュー。

地元に住む人の話を聞きながら、「ふるさと（故郷）」というものは、そこを離れた人たちが意識するのかもしれない。その思いを改めて強く感じていた。そこに暮らしていると、自身の足元が「ふるさと」であることを意識しないだろうし、むしろ外の世界への憧れを持っている。

栄太朗君は、現在は実家の商店を継いで、そこの仕事をこなしながら、村内の新聞配達店も営む。私のツチノコ捜索の折り込みチラシを配ってくれたのも彼だった。他にもNPO青空見聞塾のスタッフもしていて、村内の自然環境を見直す活動も続けている。

彼は高校卒業後、村を離れて名古屋で働いていた。親の手伝いのため村に戻り、この地で結婚、そして子育てを行っている。村に残って暮らす、数少ない同級生であった。

その彼から「これ以上、ふるさとで暮らすのは無理かもしれない。村を離れることも考えている」、そう聞かされた。その理由などについて、詳しく語ってもらった。


私が家族で正月やお盆に実家に帰ると、2人の妹夫婦も来ていて一気に家族が増える。十数人になり、とても賑やかな雰囲気になる。食材も何十人分が冷蔵庫に詰め込まれ、溢《あふ》れんばかりだ。布団も食器も押し入れの奥から使う分だけ出されてくる。笑い声、話す声、跳びはねる音、騒がしいほどだ。

数日が経つと、私たちは再び生活の場へと戻っていく。実家には両親2人が残される。静かな空間。子どもや孫たちがいなくなった分、もっと強く静謐《せいひつ》が感じられる。冷蔵庫には山のような食材が残っている。食べかけのものも少なくない。それを毎日毎日食べていくことになる。夫婦2人には多すぎる量だ。数ヶ月後、私が取材のために訪れてみると、すでに賞味期限の切れた調味料や食材がまだ残っている。

栄太朗君の話していたような、真の意味での「ふるさと」は、私たちが帰った後の両親の姿なのだろう。静かな、ただ静かな毎日。静かであっても、決して楽ではない毎日。暮らしが、日々の作業が、家事が連綿《れんめん》とつながっていく毎日。

それが「ふるさと」なのである。

このインタビューで、ツチノコ映画も振り出しに戻された感があった。うーん、これから、どうなっていくか。

編集に1年、9年目にして映画が完成

2022年10月〜

この時期からこれまでに撮影したすべての映像をチェックしていく。そして、どの映像を使い、どの映像を捨てていくか、それを決めていく。

いよいよ編集作業に入ることになる。

2023年5月3日

東白川村にて「つちのこフェスタ」の取材。

フェスタは、コロナ禍で3年間中止となっていた。やっと再開できることに。

この前のフェスタは4千人ほども来場者が訪れ、主催者側もさまざまな対応に忙殺《ぼうさつ》されていた。食事がない、駐車場がない、受け入れ体制の不備も指摘された。あの人数を受け入れるのは無理があると判断。今年は参加者を2000人に絞ることにする。実際には2500人が来場したが、この程度の超過には対応できるようだった。

メディアの取材も多く、計17社がやってきた。フランスの国営放送も取材で訪れていた。村には3千万円近い観光収入があったと、これは後日、ニュースで伝えられる。

私のツチノコ映画についても数社から取材を受ける。ついでにクラウドファンディング募集の宣伝もさせてもらう。

つちのこ神社での神事も取材する。

2023年5月4日

東白川村。前日のイベントの後片付けの風景を取材、撮影。祭りのあとの寂しさを感じる。ここでもまた、本来の「ふるさと」の姿が垣間《かいま》見えた。

2023年5月〜

今夏8月26日に村内のはなのき会館で、わがツチノコ映画、『おらが村のツチノコ騒動記』の上映会開催が決まる。急ぎ本格的な構成、編集作業を行う。

2023年5月21日

東白川村。ラストカットをどうするか悩み、改めて村内の風景、両親や息子たちの姿を撮影。ただ、最終的に本編では使用しなかった。

2023年5月28日

神奈川県・自宅。追加資料の撮影。

2023年6月16日

東白川村。『鳥の道を越えて』にも登場する栗本重秋さんのインタビュー、撮影。栗本さんは山仕事にも詳しく、前作では鳥屋場跡を案内してもらうなど、とても重要な話を聞かせてもらった。

今回も圃場整備前の風景を撮るため案内してもらい、ツチノコがいたであろう自然環境をしっかりと確認していく。そして、村の過疎化に至る状況についても話してもらう。

2023年7月2日
神奈川県・自宅。追加資料の撮影。

2023年8月14日
東白川村。私の父、今井大作のインタビュー。『鳥の道を越えて』では私の祖父が中心であったが、今回は父親が入り口になるのではないか、というスタッフからのアドバイスによりインタビューを行う。
父の大工仕事の風景とツチノコに関する思い出、かつて村を離れて暮らした経験談、そして息子である私が家を離れていることなど、率直な感想を聞いた。そして、村の将来についても。

私のドキュメンタリー映画の撮影方法は、師である姫田忠義に強く影響されている。姫田さんは構成台本を作らず、まずは自ら現場に飛び込み、興味の赴くままに人々に会い、話を聞き、暮らしの場面を撮影していった。そうしていくうちに少しずつ少しずつ作品の

ツチノコが潜んでいたと思われる石垣

核になるものが見えてくる。その核が種子となり芽吹き、茎を伸ばし、大きく成長して花を咲かせて実をつくる。そうして作品が出来上がっていったのである。

時として、いつ終わるやもしれぬ取材が連綿と続いていく。インタビュー、仕事の風景、暮らしの断片の撮影、それはフィルム（後にはビデオテープ）に「撮る」だけでなく自分の眼に、脳に焼き付ける作業であったようにも思う。そこでは、彼らだけでなく私もまた生きているのだ。呼吸しているのだ。やがて取材対象との気持ち、あるいは呼吸のようなものが1つになったと思える瞬間があり、そこで初めて作品化できるかもしれないという実感が湧いてくる。

今回のツチノコ映画も、このままいくと「終わりなき旅」になりそうな予感はあったのだが、ピリオドを打つため、父のインタビューを敢行《かんこう》したのである。

2023年8月26日

東白川村。完成披露上映会。

このときは100分版である。この後、さらに構成、編集の修正を施《ほどこ》していく。

2023年10月1日

奈良県下北山村。完成披露上映会。
前回のものを再度構成、編集したバージョンで上映。
この後、さらに修正を重ねていく。

2023年10月18日

熊本県水上村。
別件の取材で訪れたところ、その風景に惹かれ、草むらにカメラを設置。地を這《は》うようなツチノコ目線の映像を撮影。

2023年11月

東白川村。ツチノコの着ぐるみ、「つっちー」を着たところを撮影。これは村のマスコットキャラクターである。映画本編の最後がどうしても納得いかず、この映像を使うことに。

2023年11月21日

70分版の完成。初号試写。

記憶を旅する ⑤

聞き手・山村基毅

「その空」に「鳥の道」があった

――改めて『鳥の道を越えて』についてお聞きします。きっかけはおじいさんのお話であり、そこから故郷にあった鳥屋、カスミ網猟といった消えてしまった習俗を、古老などを訪ねて聞き取っていくことになります。この映画が起動《きどう》する際のバネはおじいさんのお話のどういった部分ですか。

今井友樹（以下、今井）　僕の頭の中には、祖父の話してくれた「空が真っ黒になるぐらい飛んでいた鳥の群れ」があって、それを何とか映像化したいと思っていました。

――たとえば、都会でも秋になると、あれはムクドリなのかな、驚くほどの数の鳥たちが電線に止まっていたりして、わーっと一斉に飛び立つ。小さな点が集まって、本当に大群を形成して見えるんですけど、おじいさんたちが目にしていた鳥の群れというのは、あんなもんじゃないんでしょうね。

今井　そう思います。空が真っ黒になる、それってすごいでしょう。まず、その「祖父の記憶にある映像」からスタートしたようなところもありますね。祖父が満州へ行く前の東白川村です。生まれ育った土地、対岸の山の斜面の中腹から畑があって集落が一望できる。その空に「鳥の道」があり、鳥屋があり、カスミ網猟が行われていた。

資料を当たってても、ほとんどカスミ網猟のことは出てこない。そうなると、人しかいないんですよ。ちょっとでも鳥屋について知っている人、記憶にある人、カスミ網について知っている人、人、人、人……ですね。

祖父の知り合いの知り合いとか、細い糸を手繰《たぐ》っていって、鳥屋を知っている人を訪ねていったわけです。東白川村の地図を広げて、そこに鳥屋の場所を書き入れてもらった。とにかく数はたくさんある。その場所を案内してもらったりもしました。

——カスミ網では密猟の問題も出てきます。これもデリケートな話ですね。

今井　とくに描き方で悩んだところです。カスミ網猟というのは１９４７年（昭和22）の禁猟以降は話として出てこない。だから僕の聞き取っていったのは禁猟以前の世界です。でも、これ以後、かなり頻繁に密猟が行われている。それも暴力団などが絡《から》んでのことです。そして、カスミ網猟の復活を声高に叫ぶ人たちもいたりします。これは害鳥《がいちょう》駆除《くじょ》の目的があったりします。

一方、密猟問題に取り組んできた人たちがいて、復活の動きには強く反対している。乱《らん》獲《かく》につながるという見方から、いろいろと啓発《けいはつ》運動を続けてきて、新たな法も整備させてきました。猟そのものだけでなくカスミ網の所持、販売、頒布《はんぷ》なども禁止されるようになってきたんです。

そうした背景を僕も学んでいきました。そして、東白川村にかろうじてカスミ網猟を知る人たちがいることから、あくまでそうした禁猟前の風俗を描くという作り方を貫いたわけです。公開前には野鳥の会の人たちなどにも見てもらいました。

テーマがかつての民俗を取り上げることだったので、密猟反対の運動についての描写は少なくなっています。そのあたりは不満だったかもしれません。それについては、環境問題編として別個の作品、もうひとつの『鳥の道を越えて』を作るつもりでいます。

——別バージョンの作品も観たいですね。

今井　この映画のために僕が収集した資料はカスミ網猟については日本最多だろうと自負《じふ》しています。そもそも何もなかったんだから当たり前でしょうけれど（笑）。いつか展示したいとは思っているんです。

映画について「描かれていないこと」に対する意見を聞いたり、考えていくことは必要だろうと思っているんです。これは活字でも同じですが、ひとつの作品となった場合、１

時間、2時間という枠《わく》ができてしまう。そこからこぼれ落ちるものは必ずあるんです。そのこぼれたものを、そのまま置き去りにしていくのか、それとも後々の作品に生かしていくのか。その点も考え続けていかねばなりません。姫田さんは、一度取材した人たちとはずっと付き合い続けていました。そうした姿勢も僕の中で生きている教えですね。

他にも「地獄《じごく》鳥屋」という呼び方がいろいろな地域で出てくる。何で地獄なのか。鳥にとって地獄なのか。それで調べていくと、カスミ網に人の腕や骸骨がかかっていることがあり、地獄という名がついたというんです。

腕って何だろう? 陰惨《いんざん》な事件があったりして里に住めなくなり、山奥に逃げてきた女性が、網にかかってしまった。朝が来ると村人が様子を見にくる。急いで逃げなくてはならない。それで自分の腕を斬《き》って逃げたというホラーみたいな話があるんです。

――語り方次第では、かなり怖い怪談になりそうですね。その意味では今井さんの『鳥の道を越えて』というのはきっちりとした記録映画であり、これまでの習俗を取り上げている。逆に、記録映画の枠みたいなものをはみ出したくなったりしますか。

今井　民映研の作品も、古いものなどを見ると、結構自由に撮っているんですよ。そこに映像の可能性があると信じてますけどね。

これは民映研の映画ではありませんが、行政から依頼された文化映画を作っているときにこんなことがありました。埼玉県のある地域の獅子舞《ししまい》の映像だったんです。古くから伝わる獅子舞行事で、何ヶ月にもわたって稽古《けいこ》をしっかりと行い、年に一度、町中の辻々《つじつじ》で舞っていくんです。その舞いを指導してくれていた先生は、その年の行事の直前に亡くなっていたそうです。

本番当日、僕らはカメラを回して獅子舞とともに移動していきました。僕は集音マイクをもって録音担当です。ルートは決まっている。お寺から神社まで。ところが、その人たちが急にルートから外れて一軒の家の前で獅子舞を始めたんです。何をしているのか分からない。でもカメラは回し続けました。

家から家族が出てきて、獅子舞を見ている。少し経つと、僕のヘッドホンにすすり泣きが聞こえてきたんです。獅子頭《がしら》の中に入っている人の泣き声だった。家族も下を向いて泣いている。そう、獅子舞を指導してくれていた先生のお宅だったんですね。家族は、その獅子舞におじいちゃんの姿を見たのだろうと思います。

この撮影シーンは、イレギュラーなものではあったためか、作品としてはカットされました。きちんとしたルートで舞っていく姿だけが映っていた。

このときに記録映画って何なのだろうと考えたんです。彼らが道を外れて、一軒の家で舞って見せたことは、本来の習俗としての獅子舞と関係のないエピソードではある。記録として「残す」ものではないのかもしれません。でも、このシーンを僕は「観たい」と思ったんです。そして、獅子舞の持つ意味の大事なことが表現されていたのではないか、と。

いま映画学校で「映像民俗学」を教えているのですが、民俗に関する記録映画を民俗「学」と学にしていいのかどうか疑問がありますね。「学」としてしまうとその時点で型というか形式ができてしまう。民俗や習俗を記録するというのは、そうした型がないのではないかと思うんです。

これは宮本常一さんや姫田さんも思っていたことでしょう。それだけにアカデミズムと距離をとっていた。映像というのは自由であって、記録といえどもいろいろな表現方法があるはずなんです。

姫田さんが遺した「オキの先」

――『鳥の道を越えて』ではラストシーンがなかなか決まらなかった?

今井　作品のテーマを一括りにできるようなものにしたかった。それが決まったのは、制作をしてくださった鈴木正義さんが「この映画は見えなかった「鳥の道」が見えるようになったってことだね」といってくれたことです。「ああ、そういうことだったのか」と腑《ふ》に落ちました。

編集でまとめるときも一緒に見てくれて、注意されたのは、「自分で分かったつもりでも観客は分かっていない」ということ。当たり前といえば当たり前なんですが、思い入れが強すぎると往々にしてそういうことがありますね。何度も繋いでは直し作っては直しを繰り返しました。

この鈴木さんの一言があってから、改めて最後の撮影をして「鳥の道」をラストカットにしたのです。

結局、合計すると300時間以上撮りました。撮影日数は延べで360日ぐらい。そこに編集作業が加わるので、作業していた日時はもっと増えます。姫田さんに「仕事をするな」と言われたことが、ようやく分かった(笑)。

――姫田さんも映画制作についてはかなり応援してくださっていたようですね。

今井　『鳥の道を越えて』に関していうと、東白川村で行われた鳥屋についての勉強会にも出てくださったんです。姫田さんが見聞してきた鳥屋、カスミ網猟について話してくださったり、地元の人たちと意見交換したり。

以前、姫田さんがおっしゃっていた「人間は、飛んだり泳いだり走ったりすることでは鳥にも魚にもイノシシにも勝てない。でも、いろいろな道具を使い、知恵を巡らして、それらの生き物を糧《かて》として頂く。そのことについて、今、改めて考えてみる必要がある」と。そのことは『鳥の道を越えて』でも大きなテーマになっていると思います。

民映研を辞めた後も、お世話になっています。

――その姫田さんは今井さんのデビュー作の完成を見ることなく亡くなられてしまいました。やはり精神的な支柱《しちゅう》を失ったような気持ちになったのでしょうか?

今井　そうですね。亡くなられた当初は「いなくなった」ということがぴんとこなかったのですが、時を追うごとにじわじわと効いてきたというか。姫田さんならどう考えるだろう、姫田さんならどう撮るだろうと、まずそう考えている自分がいる。そして、あっ、もう姫田さんはいないんだと気づくんです。

「師弟」という思いは僕の側に強くありましたが、姫田さん側にあったのかどうか……。ただ、若いヤツが自分につきまとっている、少し教えてやるか、ぐらいの気持ち(笑)。有象無象《うぞうむぞう》の一人だった。姫田さんから学んでいった人は大勢いますし、その末端《まったん》に連なっているだけの存在だったと思うんです。

もちろん姫田さんだって完璧《かんぺき》な人間ではないので、クセがあったりはします(笑)。それを敬遠《けいえん》したがる人もいたでしょう。でも、僕は一緒にいる間はすべてを受け入れていこう、とにかく呑み込んでいこうと思っていました。何より楽しかった。姫田さんの持っているものをひとつでも多く吸収していく、そうでもしなければ記録映画のことを何も勉強できなかった。僕には何もないというコンプレックスが強くありましたから。あるのは「やる気」だけ。

父親の「3年修業で6年お礼奉公《れいぼうこう》」という言葉を真っ正直に守っていこうと考えていました。そうすれば、こんな僕でも何とか映画監督としてやっていけるのではないか、映画を作っていけるのではないか、そんなふうに考えていたんです。その大きな拠り所が姫田さんだったんです。

——亡くなられる直前にお見舞いに行かれたそうですね。

今井　亡くなる数日前にお見舞いに行って手を握った。大きな手が随分と痩せてしまって、それが悲しかったですね。

ご家族に姫田さんが書いたメモを見せてもらったんです。筆談で書き残したもの。「今井君に」とありました。そこには「名古屋何時発」とか、あまり意味の分からないことも書いてある。最後に「オキの先」と書いてあって、「何だろうね、分かる?」、みんな分からずにいたんです。

オキの先……僕は姫田さんの手を握った瞬間に思い出しました。あの「アイスマン」のことじゃないか、と。アルプスで見つかった男性のミイラ、姫田さんが熱っぽく語ってくださったあの挿話。その2日後に姫田さんは亡くなり、確認できなかったので正しいかどうか分かりません。僕が勝手に結びつけただけかもしれません。でも、「オキ」というのはあれだけ熱く語ってくれたエピソードの中の「燠」としか思えなかったんです。

5千年前の旅人が歩き続けるために頼っていた「燠火」、体を暖める火であり先を照らす灯《あか》りでもあった。その燠火というのは、姫田さんにとっての「記録映画」だったと思うんです。火を絶やしてはいかん、さらには次の世代にバトンタッチしていかなくてはならん、それが「オキの先」、つまりは「燠火の先」ではなかったかと、僕は自分で納得させているんです。

『鳥の道を越えて』については、作って行く途中で、一緒に歩んでいこうとした妻が亡くなった。初期の撮影では彼女がサポートしてくれていましたし、最初のタイトルロゴも描いてくれました。それはそのまま今も踏襲《とうしゅう》しています。そして、映画が完成する前年に姫田さんが亡くなった。映画作りの師です。

正直言って、大事な人たちが亡くなるたびに、この作品は作れないのではないか、作らない方がいいのではないか、そんな風に思えたりもしたんです。でも、周りの方たちの手助けもあって、何とか完成にこぎつけられた。いや、周りの「人たち」だけでなく、「ふるさと」の風景や民俗にも助けられました。それらが僕の心を温めてくれたし、力を与えてくれた。

この映画を完成させることによって、民俗を記録していく仕事が僕の存在理由なのかなと思えてきました。先妻が伴走《ばんそう》してくれて、師である姫田さんが後ろから押してくださって、それで完成した映画だろうと思っています。

「ツチノコ映画」のヒントをもらう

――編集方法についてお聞きします。パソコンでやるんですよね。

今井　編集はパソコンでやりますね。もう、今はみんなそうでしょう。撮った映像はハードディスクに入れておいて、編集ソフトを使って作る。人によって作り方は違うと思いますが、僕は素材をすべて見ていって、どこが使えるかを考える。何度か繰り返して見ることもあります。

要らないところを削《そ》ぎ落とす。そうやっていくうちに、大ざっぱな構成ができあがる。その後、ワンカットずつ編集していきます。その段階で、何となくナレーションの内容も決まっていく。

――ナレーションもご自身でやられていますが、これは「ふるさと」であることを意識されてのことでしょうか。

今井　僕は映像に自分が映り込むのは嫌いだし、自分のナレーションも嫌だったんです。作り手は後ろに隠れていて、あくまで取材対象が前面に出るのが記録映画だ、そういう思いが強いからですね。

ただ、『鳥の道を越えて』については、鈴木さんなどから「セルフドキュメンタリー風の方がいい」と言われて、私小説じゃないですけど、「今井友樹」という人間の関心が映画の拠り所だったと分からせるべきだろうと思うようになりました。

でも、スタジオでナレーションの録音をやったときは「ああ、失敗作に終わった」と思いましたね（笑）。せっかくのデビュー作なのに、ヘンな声（笑）のナレーション、もう納得できなかった。

――もうひとつ、映画製作にかかる経費はどうされていたのですか？　とくにカメラマンの旅費、滞在費などです。自主製作ですから基本的には今井さんが出されることになるのでしょう。

今井　もちろん、僕が負担するのですが、途中でトヨタ財団や文化庁の助成が受けられることになりました。2年間かな。その助成金でスタッフの分は出すことができたのです。

僕は実家に泊まるので宿泊費は要りませんしね（笑）。

撮影の合間には、先輩の方々など周りの人が仕事を頼んでくださり、随分と助けられました。非常に大ざっぱな言い方をすると、姫田さんからは記録映画を撮るための精神的なことを教わり、鈴木さんや澤幡さんなどの先輩には映像技術を学び、民映研の事務局の人たちからは映画製作の資金捻出《ねんしゅつ》のことなど事務的作業を教わった気がします。もちろん、澤幡さんや鈴木さんに助成金のことを相談したり、映画の根幹《こんかん》となる部分について助言されたり、他のことなども教えてもらったんですけどね。

そうそう、『鳥の道を越えて』の撮影を始めたばかりの頃でした。カメラマンの澤幡さんからとても怒られたことがあったんです。監督として相手に質問したり、その場を取り仕切る初めての経験でした。澤幡さんがいうには、「お前は、相手が喋っているときに次の質問のことを考えている。相手に失礼だ」、そういうのです。でも、そう簡単には直せない。ただ、怒られたことだけはしっかりと肝《きも》に銘《めい》じていました。

——映画としての収支《しゅうし》はどうですか？　もちろん、まだ結論を出すには早いのかもしれませんが。

今井　収支は劇場公開についていうと、もう大赤字です（笑）。チケットの売上についていえば、配給もしている場合その半分は入りますけど、製作費に比べると、とてもとても。あとは自主上映会やトークイベントなどを何十回と繰り返していって、今やっと持ち出した分は回収できたかなというあたりです。これからは監督としての収入になっていく(笑)。

自主製作のドキュメンタリー映画は5年10年で回収していくつもりでいないとやっていけないでしょう。今後、定期的に作品を発表していければ、平行して上映会が催せますから、多少はプラス分が増えるかも。

――そして、そこから「ツチノコ」へと道がつながっていく。『鳥の道を越えて』の舞台である、東白川村が再び重要な位置を占めている。

今井 『鳥の道を越えて』を取材していた2010年ごろ、僕は東白川村に帰省《きせい》し、祖父母と同世代の中島夫妻のご自宅でインタビュー撮影を行っていました。撮影がひと段落し、僕らは玄関先で奥さんのまゆみさんが出してくれたお茶をいただきながら、夫の克己さんが話す村のよもやま話を聞いていたのです。

話題はいつしか村のツチノコ捜索イベントになりました。

当時の僕はツチノコの話は好きではありませんでした。存在しないツチノコでイベントを続ける村のことが、正直にいうと理解できなかったからです。

そんな僕の思惑を知ってか知らずか、克己さんはおもむろに玄関の外に目を向けました。

そこには、なだらかな傾斜に4、5枚の田んぼが広がっている。

「昔はよ、あの……棚田って分かる?」

「はい、なんとなくですけど」

「この辺の田んぼも棚田でよ。石垣で囲った小さな田んぼがいっぱいあったんやわ。あれはいつやった? ツチノコで騒ぎだいた頃よ。耕地整理があってな。この辺の田んぼの石垣ぜんぶ壊して、機械が入るように整備したんやな」

村が変わっていく過程には僕も関心があった。それが表情に出ていたのかもしれず、克己さんの話は熱を帯びていきます。

「そんときによ、ツチノコが外に出てきたんやないかな。ツチノコの棲家《すみか》やった石垣がいっぺんに壊されてまったで。目撃談なんかも、ちょうどその頃によーけあるんやわ。そういうことも関係しとるかもれん」

えっ? 僕は驚いた。克己さんは、ツチノコが「いる」ことが当たり前、それが前提で話をしていたのです。

「今はよ、ツチノコの出たって話……まったく聞かんもんな」

実家に戻り、僕は祖母にその出来事を話しました。

すると、その祖母のリアクションにも驚いたのです。

「私はツチノコ見とらんけど、兄様がツチノコ見とるで。兄様は絶対にウソをつくような人じゃない。だから私は絶対にツチノコはいると思う」

祖母もまた「いる」というところからツチノコの話題に触れているのです。

祖母に「いる」と言わしめたツチノコとは、いったい何なんだろうか？ 思えば、僕はいつも揺《ゆ》らぎながら、流されながら生きてきました。

でも、みんな、ツチノコについては信念を持って話しているのです。祖母の言葉は、兄の安江正之さんの言葉を守ろうとしているようにも思えました。

「昔はよ、ツチノコは見ても人には言っちゃいけないの、バチが当たるで」

よく、分からなくなってきます。祖母や中島さんの世代には、どうやら身の回りの自然の中にも心象世界においても、ツチノコは「（当たり前に）いる」もののようなんです。ひょっとしたら「いない」と冷めている僕自身の方が間違っているのではないか。そんな気さえしてきました。

——まさに、今井さんにとっての「ふるさと」を感じる心象風景のひとつになっている。

今井　それからです、僕はあれよあれよという間にツチノコの魅力に取《と》り憑《つ》かれてしまいましたね。

ヤマカガシを探す

ツチノコの誤認説となったヤマカガシを、ジャパン・スネークセンターの職員と周辺の田畑で探す。
すぐ見つかりますよ
ところが、
シマヘビ
ニホンマムシ
アオダイショウ
ヒバカリ
ばかり。
やばいな
別の日に再チャレンジ。
それでも見つからず、現場の空気は重くなる。
やっと見つけ捕獲した時は皆で大喜び!
あの感動は忘れられない。
だけど映画ではカット。
ゴメンナサイ!

四国の山中にて

しばらくコロナで、ツチノコの取材も小休止状態だった。
また次作は高知が舞台ということで、そちらへ行く機会も増えていた。
あれは高知を目指し四国の山中に車を走らせていた時のこと。
突然、斜面からイタチが転がり落ちてきた。大きなアオダイショウが巻き付いている。
ちょうど車の前方、道路の真ん中に二匹は落ちた。
うわあ…
ヘビはイタチを呑むつもりだ！
ツチノコ撮影の絶好のチャンスだったかもしれない。
ようきた
撮らずに惜しいことをした

親子のきずな

僕には3人の子がいる。
みんな男の子だ。
今回、長男は何度か撮影に連れて行き、映画の中にも登場させた。
ラストの祖父と孫が釣りをするシーンがそれだ。
長男に「ツチノコはいると思う？」と聞いたことがある。
お父さんが子どもの頃見たんだからいると思う
ジーン
3人の子らにとって故郷とは。
かえろっか。
東白川村ではないな
何か心は晴れない。

同級生のキツイ一言

ツチノコの取材を通して、僕はツチノコを「いる」とする人の気持ちがわかるようになった。
つっちー
のこりん
僕と故郷との距離も縮まった。
そろそろ映画をまとめるつもりで、
村内で新聞店を営む同級生の安江栄太朗くんにインタビューをした。
村での生活についてあれやこれや話す中で彼から出た本音。
ここ（故郷）は仮の棲み家なのかもしれない
その言葉に、僕の故郷観が理想であり幻想にすぎないことを痛感させられた。
映画は振り出しに戻ったかのようだった。

老若男女に効く〝夢、ロマン〟

取材地、10県40か所以上。
取材した人数、60名以上。
GIFU
80代、90代の人に話を聞いた際、
もうちょっと（自分が）若かったらもう一回ツチノコ探すんじゃけどな！
と言っていた。
皆さん口を揃えて言うのが、
ツチノコは「夢とロマン」ということだ。
死語と思われた「夢」そして「ロマン」を想起させるものとしてのツチノコの存在。
夢とロマン、決して捨てたもんでないヨ。

終章

その連なりの先へ

新たな世界と出会う

『鳥の道を越えて』完成後、いくつかの作品で監督を務めた。これらは自主制作ではなく依頼されたものだったので、取材、インタビュー、構成などに専心できた。もちろん、新たな世界と出会うことで学ばなければならないことも多く、それはそれで大変なのだが、それもまた私の栄養になっているのは確かだろう。

そのひとつ。ある日、電話があった。映画プロデューサーの中橋真紀人さんからであった。『鳥の道を越えて』を見て、監督である私にぜひ一緒に作ってほしい映画があるというのだ。「きょうされん」という団体の40周年を記念して呉秀三《くれしゅうぞう》の映画を作りたいというのだ（『夜明け前――呉秀三と無名の精神障害者の100年』、2018年公開）。「きょうされん」も呉秀三も知らなかったので、まずはお会いして話だけでも聞いてみることにした。

打ち合わせ場所には、中橋さんときょうされんの専務理事、藤井克徳さんが同席した。会って初めて知った。「きょうされん」、漢字で書くと「共作連」となる。正式には「共同作業所全国連絡会」であり、１９７７年（昭和52）の結成以来、各地に共同作業所をつくっていくことを求める運動などを展開している団体だという。

共同作業所とは障害者の作業を手伝う就労支援《しゅうろうしえん》だけでなく、生活支援地域活動も行う場である。その全国的な連絡会が「きょうされん」ということになる。そうしたことを、この「きょうされん」という団体の専務理事、藤井克徳さんが詳しく教えてくれた。

もうひとつ、日本精神衛生会というところがある。日本の精神衛生（いわゆるメンタルヘルスである）に関して、病気そのものの予防や治療、看護などの医療にまつわることの実践や啓発だけでなく、患者の人権や保護などを広く知らしめていくことを活動としている。今回の話というのは、日本精神衛生会と「きょうされん」とが中心になってドキュメンタリー映画を作りたい、その監督を私に頼みたいというのだ。

テーマは、日本精神衛生会の前身となる精神病者慈善救治会《せいしんびょうしゃじぜんきゅうちかい》を設立した東京帝国大学教授、呉秀三の功績《こうせき》である。

まったくの畑違いであり、私の携わってきた民俗映画とはテーマが大きく異なっている。私よりも他に適任者がいるのではないかと、お断りするつもりでいた。そんなときに藤井さんに言われたのだ。「障害者福祉の壁は差別偏見《さべつへんけん》にあり、それは世間の無関心により起きている。そこに届く作品を作ってほしい」と。私自身がその無関心なひとりに違いなかった。さまざまな本やコピーなどをごっそりと渡された。そもそも精神科医療のことや、障害福祉のこと、知らないことばかりなので一から向き合うことにした。

呉秀三という人は、精神障害者の治療や待遇《たいぐう》、また世間からの言われなき差別の撤廃《てっぱい》に人生を捧《ささ》げた人だということは分かった。そして、彼が8年をかけて調べ上げた全国の精神医療の実地調査の集大成《しゅうたいせい》である『精神病者私宅監置《せいしんびょうしゃしたくかんち》ノ實況《じっきょう》及《およ》ビ其統計的観察《そのとうけいてきかんさつ》』(樫田五郎との共著)を読み始めて、かつての精神障害者の立場、そして名ばかりの治療がどのようなものであったか、その一端を知ることになる。

その実態はすさまじい。端的にいうと、病院では拘束具《こうそくぐ》をつけられ、自宅では座敷牢《ざしきろう》に閉じ込められ、世間の目から隠され続けてきた。医療さえも介在《かいざい》しにくいその実態を明らかにし、精神障害者の処遇《しょぐう》改善を訴えたのが呉秀三であった。この本はその実態を、写真資料を付して事細かに報告していく。

私は依頼を引き受けることを決意した。それから徹底して資料を読み込んでいったわけだが、呉秀三という激烈《げきれつ》な意志を持った個性、そして彼が改善しようと努めた精神障害者を取り巻く劣悪な環境、私はそれらの歴史的事実の積み重ねに圧倒されていく。

その後、半年間にわたってインタビュー、撮影を行い、2018年（平成30）に映画は完成する。資料に目を通し始めてから、ほぼ3年間をかけたことになる。

映画のタイトル『夜明け前』は、もちろん島崎藤村《しまざきとうそん》の作品から取っている。幕末から維新と時代の転換期《てんかんき》を迎えて、主人公、青山半蔵はその激変についていけず精神を病み、座敷牢に閉じ込められてしまう。この舞台である馬籠宿《まごめじゅく》は現在の中津川であり、まさに私の故郷のすぐ近くである。そこで、これをタイトルとすることに決めた。

全国各地で上映会が行われているので、興味のある方はぜひとも見てほしい。

コスパ、タイパとは無縁の関係性

もう一作、これは2021年（令和3）公開の映画『明日をへぐる』である。高知県を舞台にしたドキュメンタリー映画だ。土佐和紙《とさわし》の原料となる楮《こうぞ》の栽培など紙漉《かみす》きの原料づくりを通して山村の暮らしをみつめた。

紙漉きについては、テレビなどで取り上げられることも多いのだが、前段階の楮や三椏《みつまた》といった紙の原料がどういう場所でどのような人が育てているのか触れられることは、ほとんどないと言ってもよかった。そもそも私もその実情を何も知らなかったのだから。

この映画をつくるきっかけをくれたのは映画プロデューサーの山上徹二郎さんである。山上さんと2人で高知に出かけ、楮の外皮《がいひ》の余分な部分を包丁《ほうちょう》で削《けず》り取る作業を見せてもらった。この作業を地元では「へぐる」と呼ぶ。そして楮栽培の現場を見せてもらった。まさに、私が追い続けてきた消えゆく民俗そのものである。

この作品に関しては、コロナ禍での撮影という事情もあり、私自身がカメラを回すところから始まった。撮影とインタビューを兼ねることは初めてであり、その難しさを再認識しつつ新たな映画作法に思いを馳せたりもした。

楮栽培の現場は、和紙の需要減もあって、どんどん衰退化《すいたいか》してきている。楮を扱う農家の人たちはほとんどが70歳代以上で、楮自体も古い株ばかりであった。

楮は1年かけて生育させる。秋から冬にその幹を刈り、蒸して、皮をはぐ。はいだ皮は乾燥させて原料として出荷することもあるが、乾燥させたものを水につけて、さらにへぐる作業を経て出荷すると原料そのものを販売するよりも良いお金になるという。

農家の人たちは何人も集まっては、この作業を行っていた。世間話に興《きょう》じながら、時に大笑いしながら手を動かしていく。私は、そこに生業の原型を見たような気がしていた。

かつての生業とは、こうした関係性の中で成り立っていたのではないか。今流行りのコスパやタイパといったものとは無縁のところで汗を流し、手足を動かし、時に笑い、集落で起こった喜怒哀楽《きどあいらく》を分かち合う。92歳の楮農家の男性は「1日平均3000円じゃ」と現金収入のあまりの安さに苦笑いしながらも、淡々と楮の手入れに勤しんでいた。

この作品に関しては、断続的であったが、ほぼ1年半の撮影期間である。高知の楮や和紙に関わることで、これまで続けてきた民俗の記録映画作りの新たな地平を感じとることができた。それは過去と今とをつなぎながら、未来を見据《みす》えることが記録映画であっても可能ではないかということだった。

2021年（令和3）の公開後も各地で上映会が開かれている。これもまた興味のある方はぜひとも見てほしい。

祖父母の語る「歴史」に

こうした作品を作りながらも、私は「ツチノコ」を追い続けた。よくもまあ飽《あ》きずに9年間も「ツチノコ、ツチノコ」と口にしてきたものだと、我ながらあきれてしまう。人に会うたびに「ツチノコって知ってる？」「ツチノコ、見たことある？」「ツチノコって面白いよね」と尋ねたり語りかけたり、時には喧伝《けんでん》しまくっていたから、周りの冷たい視線はひしひしと感じていた。

「いる、いない」という論議を通り越して、もはやツチノコは私にとって単なる「幻の生き物」ではなくなっていた。ツチノコ騒動に踊る人たちを笑うつもりなどない。町おこし村おこしに利用されることを憂うこともない。ツチノコを通して出会った人たちが憎めないのだ。

ツチノコを追い続けている私が常に抱いていたのは、東白川村への思いである。「ふるさと」に対する熱く、そして冷めた感情である。それを思慕《しぼ》と呼ぶと甘すぎるな。郷愁《きょうしゅう》や追想《ついそう》というと振り返りばかりになってしまうが、さらに願いや希望を振りかけ、怒りや焦燥《しょうそう》も織り込んだような、そんな心持ちなのである。なかなか分かってもらえないかもしれないが。

ある日、実家に戻っていたときである。押し入れの中から、映画学校に入ってすぐに聞き取った祖父母を取材したカセットテープが出てきた。2人の戦時中の体験談である。

2人は、今でいえば少年、そして少女の時代に、東白川村の分村計画の一環として満蒙開拓団の一員に加わる。そして各々の家族を挙げて大陸に渡るのである。

まさに出征兵士《しゅっせいへいし》を送るかのようにして日の丸、万歳《ばんざい》を背にして日本を旅立ったという。内地《ないち》にいるときと違い空襲警報《くうしゅうけいほう》の鳴らない土地は、とても気が楽だったし、胸がスーッとしたと祖父は語っていた。

敗戦後、先に2人の親たちは引き揚げたが、祖父母（このとき、すでに結婚していた）は16歳から30歳までの「労働力」に該当するために抑留させられ、満州の炭坑で働くことになる。村からは52人の男女が残された。炭坑には日本人が１３００人ほどもいたという。

祖父は3年間、炭坑で石炭掘りを続けるが、体が弱かったため食堂へと移される。なお、この地で私の母の姉、つまりは祖父母にとっては長女も生まれた。

栄養状態がよくないため、何人もの赤ん坊が亡くなっていたが、私の伯母《おば》はすくすくと育っていった。

この地で8年間を過ごし、１９５３年（昭和28）に日本への引き揚げがかなう。

満州での生活に慣れていた祖父は、こう話していた。

「（このときは）帰りたくなかったもん。それでも帰ってこられたから良かったんだろうな。一番悪いときから一番ええ時まで生きてきたで。苦しみは苦しかったんだけどよ……」

祖母が続けてこういう。

「人間って一代のうちにな、一生幸せですむ人はいないって、難儀《なんぎ》したり楽しんだり、いいことばっかりあったって面白くないもんな」

そして「変わらんもんゆうたら、この山と河が変わらんだけやな」と話すのだ。

このテープを聞きながら、私は祖父母から両親、そして私へと繋がっていく糸のようなものを感じ取っていた。祖父母の生きてきた軌跡を丸ごと知りたい、聞いてみたい。そう思ってはいても、それは無理な話なのだ。

私が記録映画を作る際も、本当なら民俗そのものを丸ごと映しとり、丸ごと描きたいと願っている。しかし、いつも事実の断片だけを抱えて、それをもって作品にしている。そこで感じるのは、無念であり、寂寥《せきりょう》であった。

祖父母の話に耳を傾けているのは、20代の私である。

どうして、もっと突っ込んだ話を聞かないかともどかしくもあるが、しかし、それも含めて、あの聞き取りが私や祖父母の「歴史」であったと思えてきた。あの時点は動かせない、確かな時間なのだ。

「ふるさと」へのこだわりが、私に「鳥の道」をたどらせて「ツチノコ」を追わせたのだろう。そのことと、おじいちゃん、おばあちゃんの戦時中の話、炭坑での生活を聞いていったこととは陸続きの「想い」だった。

それは、「ふるさと」への祈念《きねん》なのである。

この連なりの先に、次の私の追い求めるものが見えている。

「ツチノコ」を報じた記事、番組そして書籍

奈良県下北山村の野崎和生さん作成のリスト、集められた資料をもとに編集。★は特記事項

第1次ツチノコブーム（1973〜1974）

年	記事タイトル、番組名、書籍名など	媒体、出版社
1959（昭和34）	★山本素石が京都の山中（北区雲ケ畑賀茂川支流）でツチノコを目撃（64年1月にノータリンクラブ結成）	
1965（昭和40）	のづち（桑谷正道、『あしなか〈第九十六輯〉』、山村民俗の会）	
1969（昭和44）	幻の動物　ノヅチ物語　①～⑥（太田雄治、12月）	秋田魁新報
	ノヅチ物語　その後　上・下	秋田魁新報
1970（昭和45）	槌の子蛇後日談（坂井久光、『あしなか〈第百弐拾弐輯〉』、山村民俗の会）	
1972（昭和47）	怪蛇ノヅチの鼾（いびき）（『続々山がたり』、斐太猪之助）	文藝春秋
	ツチノコ探しが夢だとは！「すべってころんで」連載を終えて（田辺聖子、12月11日付）	朝日新聞
1973（昭和48）	ワラビとツチノコ（田辺聖子、「掌編小説」『週刊朝日』、7月）	朝日新聞出版
	『逃げろツチノコ』、山本素石	二見書房
	『すべってころんで』、田辺聖子（同年NHKでドラマ化もされる）	朝日新聞社
	『幻の怪蛇 バチヘビ』、矢口高雄	講談社
1974（昭和49）	ツチノコ女房（『おせいさんの落語』、田辺聖子）	筑摩書房
	槌の子その後（坂井久光、『あしなか〈第百四十輯〉』、山村民俗の会）	
1975（昭和50）	槌の子考現学（坂井久光、『あしなか〈第百四十七輯〉』、山村民俗の会）	
	ツチノコ見つけた！（『ドラえもん〈9巻〉』、藤子・F・不二雄）	小学館
1976（昭和51）	『ツチノコ探検隊』、河村たかし	偕成社
1983（昭和58）	第三十二話「槌の子の話」（『加子母の歴史と伝承』、加子母村文化財保護委員会）	加子母村教育委員会
1987（昭和62）	幻のツチノコを大捕獲！ヤツはインドネシアの密林にいた。（『週刊プレイボーイ』、8月4日）	集英社
	ツチノコ大探検！10年の時を超え、ついに三重県に出現した幻の怪獣を追う（『週刊プレイボーイ』、8月29日）	集英社
	遂に見た！ツチノコ　老人が農道で出くわす（10月9日付）	吉野熊野新聞
	これがまぼろしの珍蛇ツチノコだ（「UTANミステリアスロマン再現隊」『UTAN』、12月）	学研
1988（昭和63）	ツチノコ求め探検隊（1月26日付夕刊）	読売新聞
	本誌がキッカケで奈良県下北山村がツチノコ（『週刊プレイボーイ』、3月）	集英社

第2次ツチノコブーム

	幻のツチノコを探そうと（社会面「雑記帳」、3月30日付）	毎日新聞
	★4月、奈良県下北山村で第1回のツチノコ捜索イベントが行われる。懸賞金は100万円	
	吉野の秘境へツチノコ求め　生け捕りなら100万円（4月8日付）	報知新聞
	べかこの好きやねん対談「ツチノコ探検隊」（『11PM』、4月12日放送）	よみうりTV
	ツチノコ幻に終わるかシッポつかむか　今日大捜索隊（4月16日付）	報知新聞
	ツチノコ・シンポ賑やかに　家族連れら100人続々（社会面、4月17日付）	産経新聞
	『おはようパーソナリティ道上洋三です』で話題に（4月18日放送）	朝日放送ラジオ
	「ツチノコ」コール過疎の山里に響く　230人発見できず…（社会面、4月18日付）	朝日新聞
	ツチノコ探しに120人　山歩き4時間　空振りにも満足（社会面、4月18日付）	読売新聞
	ツチノコ捕獲作戦ノコノコ200人　本気派ロマン派全国から（4月18日付）	中日新聞
	ツチノコさがしにどっと　夢を追いロマンを語り（5月1日付）	赤旗
	ツチノコ探検・シンポジウムを企画した野崎和生さん（「ひと」欄、5月3日付）	朝日新聞
	見つからなくてよかった（『週刊明星』、5月）	集英社
	フォトドキュメント　ツチノコ大発見かな（『週刊プレイボーイ』、5月）	集英社
	奈良の里に現れた幻のヘビつちのこ　大山鳴動して…（『週刊朝日』、5月）	朝日新聞出版
	ツチノコで村おこし（「特集ニッポン「幻の動物」記」『科学朝日』、6月）	朝日新聞
	喫茶店「ツチノコ」がオープン（社会面「青鉛筆」、6月24日付）	朝日新聞
	走れ！ツチノコ探検隊（『写真CAN』、7月）	東京三世社
	ツチノコ捕獲作戦決行（『ムー』、7月）	学研
	ツチノコ大探検（『小学六年生』、8月）	小学館
	ツチにかえったツチノコおじさん（8月3日付）	東京新聞
	幻のツチノコ探しパート2（社会面、8月26日付）	読売新聞
	奈良県下北山村　ツチノコを追う（「ヒサクニヒコ ミステリーツアー〈1〉」『UTAN』、10月）	学研
	幻のツチノコを求めて…!!（「カラーUMA現地調査レポート〈2〉」『ムー』、10月）	学研
	ツチノコいけどり大作戦（『小学二年生』、12月）	小学館
	ツチノコはどこだ!?（『小学三年生』、12月）	小学館
1989（昭和64・平成元年）	ツチノコや〜い　いるいない?ともかく村おこし（2月3日付）	日本農業新聞
	ツチノコ騒動、巳年にはい出す　珍妙怪獣観光探検大募集（2月17日付）	中日スポーツ

第3次ツチノコブーム

	ツチノコ探しに懸賞金をかけた広島県・上下町長　梶田昌宏さん（「ひと」欄、2月20日付）	朝日新聞
	サミット　共存…そしてツチノコ以後も（社会面、3月20日付夕刊）	産経新聞
	消費税・汚職なし「ツチノコ共和国」（社会面、4月23日付）	朝日新聞
	★5月、岐阜県北白川村で第1回のツチノコ捜索イベントが行われる。懸賞金は100万円	
	★同月、広島県上下町でもツチノコ捜索イベントが行われる。懸賞金は300万円	
	ツチノコ君賢明　首出さず　広島上下町　賞金300万円の探索会（社会面、5月15日付）	朝日新聞
	ウオンテッド「ツチノコ」　山あいの町に250人の捜索網（社会面、5月15日付）	産経新聞
	下北山村でツチノコ共和国開国（『ムー』、6月）	学研
	並木伸一郎監修、山口直樹著『幻のツチノコを捕獲せよ!!』（ムー・スーパー・ミステリー・ブックス、7月）	学研
	全国から仕掛人大集合　村おこし町づくりの情報交換　過疎の特徴を（家庭面、7月5日付）	読売新聞
	山は宝　都会人との交流で知る　ツチノコ大学（家庭面、9月30日付）	読売新聞
1990（平成2）	ついに撮られた幻のツチノコ!?（『ムー〈No.112〉』、3月）	学研
	ツチノコ見つけて　土地100坪もらおう（7月24日付）	朝日新聞
	★8月、兵庫県美方町（現美方郡香美町）でツチノコ捜索が行われる。賞品は100坪の土地	
1991（平成3）	赤外線自動撮影装置でツチノコを追う!!（『ムー〈No.122〉』、1月）	学研
	★和歌山県すさみ町では、ツチノコ捕獲者に賞金100万円と副賞イノブタ1頭を贈ることを発表	
	★京都府瑞穂町（現船井郡京丹波町）ではツチノコ捕獲者に賞金350万円を出すことに	
1992（平成4）	ツチノコ共和国（「にっぽん新風景の旅〈44〉」、5月10日付）	北海道新聞
	★兵庫県千種町（現宍粟市）でツチノコ捜索イベントが行われる。懸賞金は2億円	
1993（平成5）	ツチノコ資料館完成（『ムー〈No.154〉』、9月）	学研
1995（平成7）	幻の珍獣　ツチノコついに発見か!?（「エグザクタ奇怪探偵団が行く!〈Vol 4〉」『ヤングマガジン』、11月）	講談社
1996（平成8）	ツチノコ探し　生け捕りで2億円!（「つかめ総額200兆円の夢」『Bigtomorrow』、7月）	青春出版
2000（平成12）	幻の「ツチノコ」捕獲さる!（『ムー〈No.238〉』、9月）	学研
	★岡山県吉井町（現赤磐市）で第1回のツチノコ捜索イベントが行われる。懸賞金は2000万円	
2002（平成14）	ツチノコの里づくりで転入者もやってくる（『コロンブス』No.7、5月）	東方通信社
	『ツチノコの正体―神秘の現世動物―』、手嶋蜻蛉（9月）	三一書房
2004（平成16）	『ツチノコ―幻の珍獣とされた日本固有の鎖蛇の記録―』、木乃倉茂（6月）	碧天舎
2006（平成18）	★新潟県糸魚川市で探検隊による第1回のツチノコ捜索が行われる。懸賞金は1億円	
2007（平成19）	ツチノコの正体、判明せり!?（『週刊プレイボーイ』、6月）	集英社

2008（平成20）	まさかの衝撃！「瞬間移動ツチノコ」は生きていた！（『週刊プレイボーイ』、3月）	集英社
	『ツチノコの民俗学―妖怪から未確認生物へ―』、伊藤龍平（8月）	青弓社
	いた!!伝説生物　猪木も捕獲に乗り出した（『エンタメ劇場2』、9月）	東京スポーツ新聞社
2009（平成21）	ついにツチノコ写真撮った!?（『週刊 世界百不思議〈No.7〉』、4月）	講談社
	神話時代に起源をもつ謎の怪蛇　ツチノコ（『歴史のミステリー〈66〉』、5月）	デアゴスティーニ
2010（平成22）	ツチノコ（「飛鳥昭雄の秘蔵UMA写真館」『U SPIRITS』、2月）	辰巳出版
2014（平成26）	幻の蛇・ツチノコが全国の少年を席巻！（『昭和40年男〈Vol 25〉』、6月）	ヘリテージ
2015（平成27）	まだ存在したツチノコ共和国、元議長が淋しげに語る〝ツチノコブーム〟（週プレNEWS、11月15日付）	集英社
2016（平成28）	『逃げろツチノコ』復刊、山本素石	山と溪谷社
2017（平成29）	古い歴史を持つツチノコ　出会ってしまうと死に至ることも（『奈良妖怪新聞（総集編〈壱〉）』、4月）	大和政経通信社
2018（平成30）	ツチノコに沸いたあの頃　下北山で30年懐古展（4月27日付）	読売新聞
	【4】ツチノコを追って（「第6部 不思議めぐり／新五国風土記　ひょうご彩祭」、6月3日付）	神戸新聞
	ツチノコ村振興の夢の跡　奈良・下北山村の「共和国」30年（「とことんサーチ」、8月16日付夕刊）	日本経済新聞
	幻の怪蛇ツチノコを激写！（『ムー〈No.453〉』、8月）	学研
	賞金100万円山狩り騒ぎ　ツチノコ共和国／奈良県下北山村（「時を訪ねて」、12月16日付）	北海道新聞
2019（平成31・令和元年）	ツチノコのみち（「みちのものがたり」『be』、5月18日付）	朝日新聞
2020（令和2）	世紀の大発見!!ツチノコのミイラ（『ムー〈No.471〉』、2月）	学研
2021（令和3）	ツチノコの正体　群馬で探る（群馬全県版、9月8日付）	朝日新聞
2022（令和4）	ツチノコ・ドキュメンタリー　完成目前（群馬全県版、1月24日付）	朝日新聞
2023（令和5）	ツチノコ伝承を追え！（5月22日付夕刊）	東京新聞
	あの日見た「ツチノコ」を追って（神奈川版、5月25日付）	朝日新聞
	ツチノコブーム再燃へ、新法人が活動　来月1日に「騒動記」先行上映（9月29日付）	産経新聞
	ツチノコで再び村おこし　夢のブームを今度は長く　奈良・下北山（11月9日付）	毎日新聞
2024（令和6）	ブームよ再び　幻の生物「ツチノコ」　バブル期の熱狂知らぬ世代が仕掛ける村おこし（1月11日付）	京都新聞
	ツチノコを売っている?…「目撃」から50年、80人の集落に販売所と女子会が誕生（5月5日付）	南日本新聞
	糸魚川つちのこ探検隊　〝ガチ〟で探索　県内外50人 地域、世代超え夢中　発見ならず次回に望み（5月28日付）	上越タイムス
	今井友樹さん ツチノコを追い続ける映画監督（「ひと」欄、5月30日付）	朝日新聞

あとがき

数年前、取材で訪ねたお宅で35年前の村の行事を記録したＶＨＳテープと遭遇した。その数なんと１００本以上。背表紙には〝夏祭り〟や〝運動会〟など行事名と日付が、手書きで記されていた。撮影した本人はすでにお亡くなりになっていた。ご家族の話では、退職後に記録を始められたそうだ。村の行事のほとんどが、10年近くにわたって記録されていた。大量のテープに感心していると、「もういらないから持っていっていいよ」と言われた。しかし本人が亡くなった今でも、棚にきちんと保管されている。

お世辞にもうまいとは言えない撮影であったが、圧倒された。時間も労力もかかったはず。それも一人で。どんな思いで撮影されたのだろう。「村の様子を記録に残しておきたい」という僕自身の思いと重なるようにも感じられた。

その後村に引き取られたものの、結局使い道が見つからないとのことで、僕がすべてのテープを引き取った。いずれデジタル化を行うつもりだ。

ドキュメンタリー映画は、主に人を描く。そこに物語がある。それ自体は民俗の映像記録も変わりはない。ただ、個人の内面を描くのか。あるいは、世代を越えて受け継がれてきた営みの行為を通して内面世界を描くのか。記録は後者に、より重点を置いている。

僕自身は表現より「記録」だと思っている。世間は表現を求めているようだが、それでも自分が進むべき道は記録の方だと、不思議と迷いはない。

これまでずっと「記録」の意義を素直に信じ、ひたすら実践してきた。ただ、いま頃になってその意味を問うようになった。なぜ大事なのか。「記録」するということに、どういう未来があるのか。ひょっとしたら僕は型《かた》にはまり過ぎていやしないか……。

記録と表現は両立する——最近になり、ようやくそう理解し始めた。これまでの20年ちかいノウハウの蓄積《ちくせき》にとらわれず、もっと素直に、純粋に、下手に、無骨《ぶこつ》に、生身の人間として「記録」と「表現」に向き合うことが必要なのだろう。ツチノコの映画づくりは、頑《かたく》なだった自分の考えをほぐし、自由にしてくれた。

この先の20年はもっと新しいことに挑戦しようと思う。

編集・構成の山村基毅さん、4コマ漫画を描いてくれた岩井友子さん、カバー絵をいただいた画家の今村裕子さんに感謝したい。

今井友樹

2024年5月

著者

今井友樹《いまいともき》

記録映画監督。

1979年岐阜県生まれ。日本映画学校（現・日本映画大学）卒業。2004年に民族文化映像研究所に入所し、所長・姫田忠義に師事。2010年に同研究所を退所。2014年に劇場公開初作品・長編記録映画『鳥の道を越えて』を発表。

2015年に株式会社「工房ギャレット」を設立、同代表。

監督として関わった作品に、『坂網猟』（加賀市製作、2018年）、『夜明け前』（記念映画製作委員会製作、2018年）、『明日をへぐる』（シグロ製作、2021年）がある。

一般社団法人民族文化映像研究所理事、日本映画大学指導講師をつとめる。

インタビュー、編集・構成

山村基毅《やまむらもとき》

ルポライター。人物インタビューを基軸としたルポルタージュを執筆している。著書に『認知症とともに生きる』『ルポ 介護独身』『民謡酒場という青春―高度経済成長を支えた唄たち―』『戦争拒否―11人の日本人―』『森の仕事と木遣り唄』『はじめの日本アルプス―嘉門次とウェストンと館潔彦と―』など。

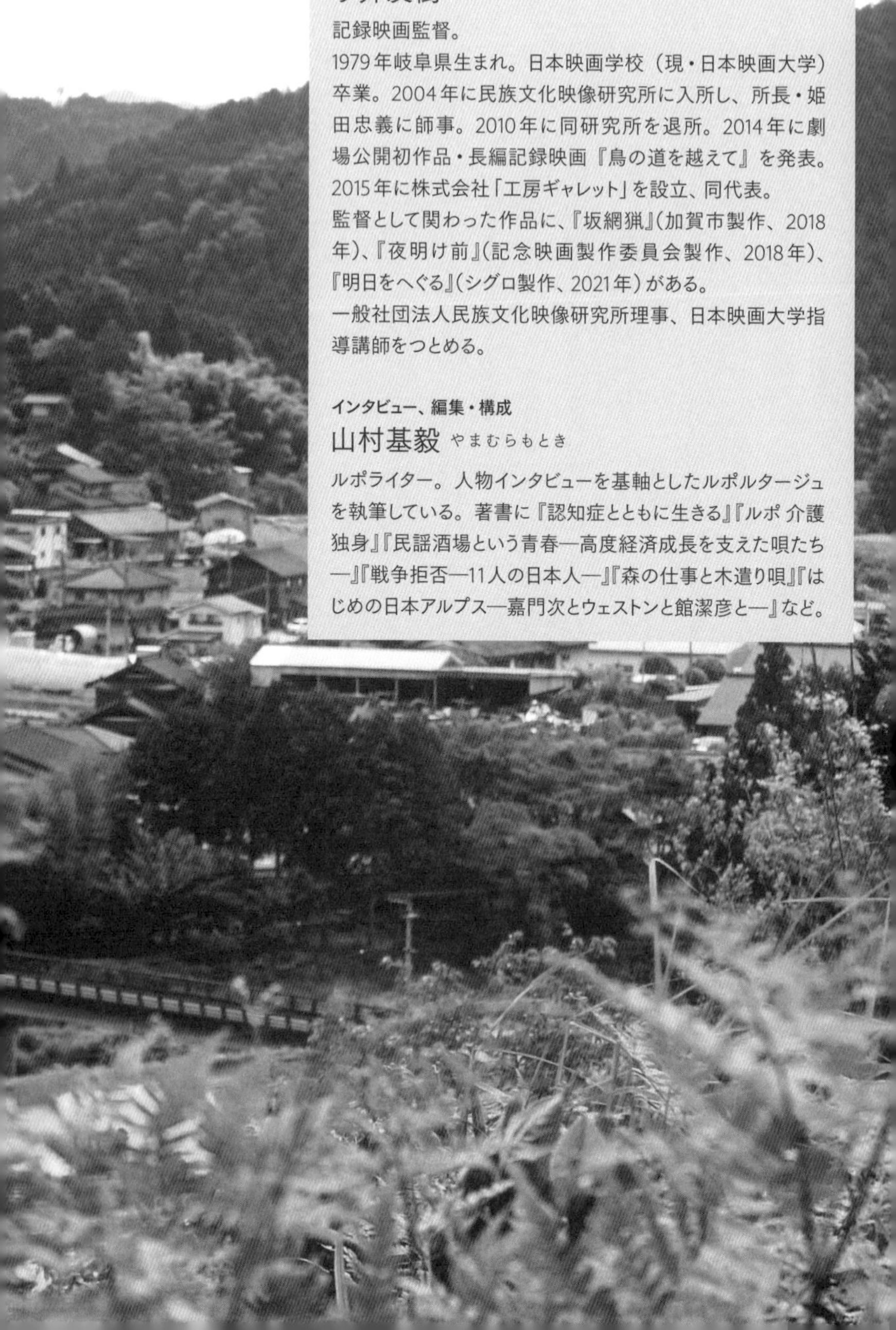

ツチノコ撮影日誌
─令和の「幻のヘンビ」伝説─

2024年6月27日　初版第1刷発行

著者　今井友樹
編集・構成　山村基毅
発行所　株式会社はる書房

〒101-0051　東京都千代田区神田神保町1-44　駿河台ビル
電話 03-3293-8549　FAX 03-3293-8558
https://www.harushobo.jp/
郵便振替 00110-6-33327

編集協力　工房ギャレット
地図・4コマ漫画　岩井友子（放牧舎）
装画　今村裕子
組版・装幀　桜井雄一郎
印刷・製本　中央精版印刷

ISBN978-4-89984-215-6

監督・今井友樹
鳥の道を越えて 明日をへぐる
おらが村のツチノコ騒動記
監督・編集・ナレーション：今井友樹
撮影：伊東尚輝　小原信之　澤幡正範
整音：高木創
音楽：関根真理 辰巳光英
助成：文化庁文化芸術振興費補助金（映画創造活動支援事業）
独立行政法人日本芸術文化振興会
企画・製作・配給：工房ギャレット
配給協力：シグロ
宣伝：風狂映画舎
探さないでください、
私はどこかにいますから……
https://studio-garret.com/tsuchinoko
2024年 / 71分 / HD・DCP / 5.1ch / 16:9 / 日本 / ドキュメンタリー　©工房ギャレット

映画館・劇場などの
上映に関する情報は
こちらをご覧ください

朝日新聞ポッドキャスト
公式 YouTube チャンネル
ぜひご視聴ください

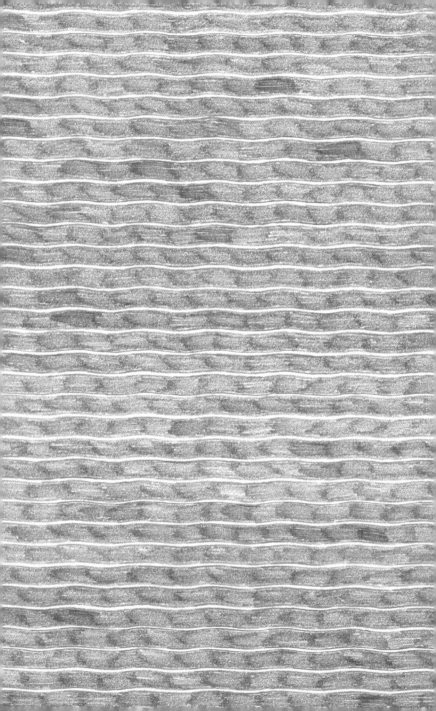